CW01081667

Pablo Iglesias

Verdades a la cara

Recuerdos de los años salvajes

Edición de **Aitor Riveiro**

Navona

Primera edición
Abril de 2022

Publicado en Barcelona por Editorial Navona SL
Editorial Navona es una marca registrada de Suma Llibres SL
Aribau 153, 08036 Barcelona
navonaed.com

Dirección editorial Ernest Folch
Edición Xènia Pérez
Corrección Estefanía Martín
Diseño gráfico Alex Velasco y Gerard Joan
Maquetación Digital Books
Papel tripa Oria Ivory
Tipografías Heldane y Studio Feixen Sans
Imagen de la sobrecubierta Dani Gago
Distribución en España UDL Libros

ISBN 978-84-19179-15-9
Depósito legal B 1496-2022
Impresión Romanyà-Valls, Capellades
Impreso en España

Índice

Nunca hubiera escrito este libro (a modo de introducción)

Lo último que me apetecía hacer tras dejar la política institucional era escribir un libro de memorias. De hecho, no he sido capaz de hacerlo. Las memorias tienen algo de ajuste de cuentas meditado y de vanidad. En los libros de memorias se ejecutan venganzas con precisión de cirujano y se suelen hacer autorretratos generosos con uno mismo. En ese subjetivismo es donde está, precisamente, el encanto de los libros de memorias: en ver qué dice este de su tiempo, de sí mismo y de los demás.

Precisamente por ello, esto que el lector tiene aquí no es una memoria. Estas requieren premeditación y muchas ganas de dedicarle tiempo a ser preciso y hábil con las palabras. La imagen que uno quiere dar de sí mismo está en juego; no es poca cosa. Yo eso todavía no soy capaz de hacerlo. Dedicarle a estos últimos años el tiempo necesario para convertir las experiencias en una cronología y en una reflexión política coherente no me reportaría ningún placer y, sin ganas, es casi imposible escribir.

Ernest Folch y Jaume Roures simplemente me convencieron de que el acoso que había vivido desde que entré al Gobierno había que contarlo. Que, quizá, era esa mi última obligación política. Acepté con una condición: yo no iba a escribir una mierda. Aceptaba dar una entrevista muy larga a un periodista que me mereciera respeto y confianza, pero no iba a hacer nada más. Pensé en tres profesionales a los que hacerles la propuesta: Andrés Gil, Pedro Vallín y Aitor Riveiro. Hablé primero con Andrés y Pedro, y ambos coincidieron en que la persona debía ser Aitor. Andrés está en Bruselas y una entrevista con Pedro se habría convertido en un diálogo sobre su *C3PO en la corte del rey Felipe*.

Aitor es uno de los periodistas que más sabe de Podemos. Nos siguió desde el principio y dejó de hacerlo poco después de que yo tomase la decisión de dejar todos los cargos. Cuando lo conocí, en 2014, lo juzgué como un periodista de izquierdas hostil a Podemos. Y creo que, básicamente, es lo que era. Sin embargo, según fueron pasando los años, fui notando que, a medida que Aitor nos iba conociendo más, su juicio hacia nosotros iba cambiando. Nunca dejó de ser crítico, pero creo que casi siempre fue justo, aun a sabiendas de que serlo no le reportaría grandes beneficios en un ecosistema mediático en el que atacar a Podemos siempre ha tenido premio.

Aitor aceptó el encargo y, entonces, me metí en un lío en el que no reparé hasta que ya no había escapatoria. Aitor logró sentarme en el diván y convertir este libro en poco menos que una terapia descarnada. Empezamos a vernos un día a la semana desde el mes de noviembre y, a partir de esos encuentros con cámara y grabadora, Aitor supo tirarme de la lengua con una habilidad extraordinaria. Los buenos periodistas pueden saber más del alma y del inconsciente de sus entrevistados que los propios psicoanalistas.

En la revisión de los capítulos, yo mismo me asustaba de la crudeza y la violencia con la que expresaba algunas cosas. Más que añadir y completar, a lo que me he dedicado, básicamente, es a suprimir párrafos que me parecían demasiado. El resultado es lo contrario a lo que debería ser un libro de memorias fríamente calculadas y redactadas. Precisamente por eso, por las incoherencias, las repeticiones, los lapsus y los saltos propios del estilo oral, creo que este libro tiene mucho más valor que nada de lo que yo hubiera podido escribir de manera meditada. Pasé varios capítulos a medio revisar a algunos compañeros y el comentario que mejor sintetiza todos los que recibí fue este: «joder, tío, es Fuego Valyrio».

No encontrarán en este libro reflexiones políticas de este último año que no hayan podido leer ya en *CTXT*, *Gara*, *Ara* o en mis intervenciones en *La Base*, en RAC1 o en la cadena SER, pero sí se toparán con lo que, *a priori*, yo habría querido ocultar: mi vulnerabilidad, mis amores y mis odios, mis enfados y mis bromas. Me molesta admitirlo, pero sospecho que eso tiene mucho más interés para los lectores que las chapas que, de vez en cuando, escribo.

Si este fuera un libro pensado al detalle, me tocaría escribir ahora una larguísima e incompleta lista de agradecimientos. No necesitan que lo haga: si lo leen, se darán cuenta de mis deudas personales. Pero permítanme terminar esta introducción con una anécdota:

El 26 de enero de 2019, Irene y yo habíamos decidido dimitir de todos nuestros cargos y dejar la política. Irene, que estaba al frente del partido debido a mi permiso de paternidad, escribió a Jordi Évole para decirle que no iba a grabar el cara a cara con Arrimadas que tenían agendado. Habían pasado pocos días desde que Íñigo Errejón y Manuela Carmena habían anunciado, por sorpresa, la creación de una nueva formación política. La situación era muy difícil; habíamos llamado a algunas personas del partido y de fuera para que se pusieran al frente de una candidatura en la Comunidad Madrid. Nadie quería. Teníamos dos bebés e Irene, aunque aún no lo sabíamos, estaba embarazada de Aitana. Merecíamos una vida un poco más llevadera, sin tanta presión y sin la amargura permanente de las traiciones y las luchas internas. La decisión estaba tomada; la íbamos a anunciar a la mañana siguiente. Entonces, sonó el teléfono. Era Pablo Echenique. «Me presento yo a la Comunidad de Madrid si hace falta», me dijo. Se me formó un nudo en la garganta y rompí a llorar. Se lo conté a Irene, que se echó a llorar también.

Quédense con este secreto que les voy a contar y que no siempre los historiadores sospechan: a veces, detrás de las grandes decisiones, no hay cálculos complejos ni análisis brillantes. A veces, simplemente, hay un nudo en la garganta. Este libro va de eso.

Nota introductoria

Pablo Iglesias está acostumbrado a hablar claro. Pero nunca había hablado tan claro como en este libro, el primero que firma desde que abandonó el Gobierno, por sorpresa, en marzo de 2021.

Estas no son las memorias del fundador de Podemos ni las del exvicepresidente del Gobierno, aunque contiene elementos de ambas. Esa nunca fue la intención. Este libro es un testimonio: el de alguien plenamente convencido de haber sobrevivido, por poco, a un intento inédito de destrucción personal cuyos ejecutores no han ahorrado en recursos: desde el uso de medios de comunicación a la compra de voluntades o a la activación de células judiciales durmientes. Contra ellos se ha empleado uno de los recursos que suelen reservarse para las ocasiones importantes: las estructuras parapoliciales de las cloacas del Estado. «Lo que define a uno no son sus amigos, sino sus enemigos», resume, sin esconder su orgullo, el fundador de Podemos.

Tampoco se trata de un ajuste de cuentas, pese a los intentos de zanjar algunos episodios que han marcado los siete años que estuvo en primerísima línea. O, al menos, ofrecer su versión de lo ocurrido. Siempre desde un punto de vista subjetivo, algo que no se esconde en ningún momento. Porque es eso: un testimonio. Pero no uno cualquiera, sino el de quien, tras regresar a Ítaca, desarma con sus propias manos el barco con el que ha vuelto a casa con la intención sincera de no echarse otra vez a la mar. Habrá más odiseas, pero las vivirán otros.

Este testimonio sirve para dejar constancia de unos hechos muy concretos que han atravesado unas de las experiencias políticas colectivas más intensas de las últimas décadas. Sin ellos, la historia reciente de España se escribiría de otra forma. No necesariamente mejor, ni peor: diferente.

No se trata tampoco de un lamento sobre lo que pudo ser y no fue. Ni un atrincheramiento en culpas ajenas, uno de los géneros que más prodigan entre los expolíticos. Hay más satisfacción que resignación, quizá porque quien ha crecido escuchando historias de derrota es capaz de disfrutar de las victorias, por leves que parezcan o transitorias que sean. Es la victoria la que te educa en la lucha», dice Philippe Rickwaert, el protagonista de Baron Noir, *en un alegato que ha recorrido la redes sociales a cuenta de la disputa política en el seno de la izquierda plurinacional a cuenta de la reforma laboral.*

El testimonio de Pablo Iglesias que recogen estas páginas es, por encima de todo lo demás, un intento de que algunas de las cosas que le ocurrieron a él y a su familia no vuelvan a pasar. Y la advertencia de que, irremediablemente, ocurrirán de nuevo.

14

Este libro es fruto de una decena de entrevistas celebradas durante los últimos meses de 2021. La metodología no esconde mucho misterio: un puñado de cuestionarios que sirven de raíles para la conversación, una grabadora y una libreta. Los temas, consensuados. Las preguntas y repreguntas, de mi elección. El resultado es un texto en primera persona que refleja, como no podía ser de otra forma, las palabras y el pensamiento de Pablo Iglesias.

Los testimonios son hijos de un tiempo y un ánimo. Este es el de alguien que ha recuperado su vida, su libertad y hasta su persona. Alguien que prueba a recuperar su privacidad y que fantasea con volver a un pasado que no regresará.

Pero también lo es de alguien consciente de ser quien es. Y consecuente con ello. No hay «paso atrás» si diriges y presentas un pódcast que se emite de lunes a jueves, escribes en varios periódicos y participas en tertulias radiofónicas.

Esa modulación entre el ser sin el estar *apenas comienza a ensayarla Pablo Iglesias. El ex secretario general y exvicepresidente se guarda cosas: algunas por conveniencia, las más por un cierto vértigo. Pero incluso quienes más le conocen se sorprenderán ante algunas de las revelaciones que salen a la luz.*

AITOR RIVEIRO

PRIMERA PARTE

EL ACOSO

«Si nos hacían lo que nos hacían era porque estábamos siendo capaces de llegar más lejos que nadie». La frase de Pablo Iglesias explica cómo logró afrontar el que ha sido, sin duda, el episodio más duro que ha vivido desde que lanzara Podemos en enero de 2014: el acoso sufrido durante meses en su propia casa, donde vive con su pareja y actual ministra de Iguadad, Irene Montero, y con los tres hijos de ambos.

Los hechos son claros: día tras día, un grupo de ultras más o menos numeroso se apostó en la puerta de la residencia del entonces vicepresidente del Gobierno para insultarle a él, a su familia y a cualquiera que los visitara, prácticamente sin consecuencias. Solo las hubo cuando se traspasó la línea del atentado contra la autoridad o la toma de imágenes del interior de la vivienda. *«Hubo impunidad durante mucho tiempo y no hubo ninguna solidaridad»,* sentencia.

El propósito de los acosadores, para nada velado, era hacerle la vida imposible. Que dimitiera y abandonara el país. No lo lograron, aunque estuvieron cerca. Más de lo que ellos creen. Pero sí contribuyeron a un desenlace que llegó tarde para sus protagonistas, pero mucho antes de lo que se esperaba. *«El acoso al que nos sometieron tenía un objetivo político muy claro, un mensaje mafioso: no te merece la pena a nivel personal. No te metas. No luches, no pelees. No defiendas lo que crees».*

Las decisiones en política nunca suelen responder a un único condicionante, pero no es descabellado pensar que otras circunstancias personales hubieran supuesto un escenario diferente. Es imposible disociar el desarrollo del primer Gobierno de coalición de España en ocho décadas de los sucesos de Galapagar porque tampoco fueron hechos aislados, sino la consecuencia de un proceso que arrancó mucho antes, inmediatamente después de que Podemos rozara los 1,3 millones de votos en las elecciones europeas de 2014.

Pablo Iglesias se convirtió en el enemigo a batir para una parte del Estado que considera ilegítimas, no tanto las aspiraciones del espacio político armado alrededor del partido —que no son novedosas y, de hecho, muchas de ellas ya se han puesto en práctica en España—, como su vocación de acceder a los resortes de poder a los que les daba derecho el nada desdeñable apoyo popular logrado. Incluso cuando los golpes recibidos y los errores propios habían desfondado un proyecto que finalmente alcanzó el cielo. No por asalto, sino por «perseverancia», tal y como recordaba él mismo en la carta que remitió a la militancia de Podemos días después de cerrar el histórico acuerdo de coalición con Pedro Sánchez.

Iglesias aguantó hasta que encontró una salida y la posibilidad de escribir su propio final. Su militancia política y la de su compañera fueron clave para resistir sus quince meses de mandato, buena parte de ellos sometidos a ese acoso personal que, tras muchos intentos, lograron judicializar.

Por primera vez en poco más de siete años inmerso en una espiral político-mediática que parecía infinita, Iglesias paró. E intentó volver a su vida: la universidad, la lectura y el activismo mediático. Pero ni su vida ni él mismo son lo que eran. Han pasado muchas cosas desde el 17 de enero de 2014 y aquella rueda de prensa en el Teatro del Barrio que se convocó para presentar el proyecto y a la que apenas acudieron un puñado de medios de comunicación. El profesor y activista con coleta, ropa desaliñada y ceño fruncido ha dado paso a un padre de familia numerosa que no perdona a quienes han traspasado la línea de usar a sus hijos como objeto de disputa política.

Convencido de que el suyo no será el último caso de acoso político y personal, confía en que su testimonio sirva como vacuna. «Para que no vuelva a ocurrir».

A.R.

Que no merezca la pena

El acoso que sufrimos en casa Irene y yo empezó el 6 de marzo de 2020, apenas dos meses después de haber prometido nuestros cargos en el primer Gobierno de coalición que se formaba en España en décadas. Aquel día se concentraron frente a nuestra casa unos policías nacionales de Jusapol con una excusa impresentable: la equiparación salarial. Decían que, como allí vivía la ministra de Igualdad y ellos reclaman la igualdad con la Ertzaintza y los Mossos d'Esquadra, tenían derecho a concentrarse en nuestra puerta a apenas cuarenta y ocho horas del Día de la Mujer. Una excusa totalmente absurda que dejaba bien claro el sesgo ultraderechista de Jusapol. Además, como recordaron algunos medios, desde octubre de 2018 hasta noviembre de 2020, el Gobierno —primero con el PSOE en solitario y, después, con nosotros— aprobó tres tramos de incremento salarial que supusieron una subida media del 20% en sus nóminas[1]. Pero eso daba igual: la equiparación salarial no ha sido más que el instrumento del que se han dotado los ultraderechistas para hacer saltar por los aires la estructura sindical de la Policía Nacional y de la Guardia Civil.

Decir «Jusapol» no es decir cualquier cosa. Hablamos de un «sindicato» crecido a la sombra de Vox, cuyos miembros estaban saliendo del armario al mismo tiempo en el que el partido de Abascal empezaba a ganar presencia política y sus consignas comenzaban a dominar las tertulias. En las elecciones sindicales del año anterior, en 2019, habían arrasado[2] parapetados en el reclamo de exigir una mejora de las condiciones económicas. Pero no son sindicalistas ni tienen ninguna vocación de servicio público: son ultraderechistas con uniforme del Estado. No hay más que leer, por ejemplo, los mensajes de los grupos de WhatsApp de los policías nacionales que rodearon, bloquearon y atacaron la asamblea de cargos electos que Podemos organizó en Zaragoza en 2017[3].

He aquí algunos ejemplos, entre los que no faltan clásicos como la deshumanización del rival y las referencias a los órganos sexuales tan habituales de estos perfiles: «No se atreven a salir, las ratas». «Mirad la violencia de la que habla el hijo de la gran puta de Garzón». «Lo que tendrían que hacer sería meterle un buen rabo al alcalde por haber promovido dicha asamblea».

Hablamos de falsos sindicalistas que defienden intervenciones policiales evidentemente irregulares, que hacen proclamas contra los derechos civiles y que quieren limitar el derecho de los periodistas a grabar sus actuaciones. No siempre lo dicen en público, a veces solo en *off*, pero hay agentes de policía demócratas que llevan tiempo avisando del riesgo de no atajar esta deriva. Como decía recientemente:

El PP ha entrado en una dinámica del «todo vale» capaz de jugar con la estabilidad del país por rédito electoral en su competición con Vox. Perdida toda esperanza de moderación a corto plazo de la derecha, el día de después de la manifestación alguien tendrá que abordar lo que tantos agentes cuentan off the record *y está ocurriendo a la vista de todos. Cualquier mínimo desliz ultra dentro de la policía, cualquiera que lo aliente, supone una amenaza para todos. Y de poco servirá derogar la ley mordaza si esta corriente existe*[4].

Aquel 6 de marzo de 2020 fue muy tenso porque los ultras que se apostaron en la puerta de nuestra casa profiriendo insultos muy desagradables eran policías que perfectamente podían ir armados. Se atrevieron, además, a intimidar a un compañero del partido que estaba observando la concentración: le amenazaron e, incluso, le pidieron la documentación para identificarlo, pese a que no estaban allí en calidad de policías de servicio, sino como manifestantes. Tengo que agradecer también la profesionalidad de nuestro servicio de escoltas quienes, siendo también policías nacionales, identificaron a sus compañeros y comprobaron que iban sin armas. En estos años he podido tratar de cerca a muchos agentes por los que solo puedo sentir admiración. Por eso también me duele que la ultraderecha manche el uniforme de servidores públicos y esté presente entre los mandos.

En un primer momento, no pensamos que nada de aquello se fuera a repetir, ni mucho menos a alargar. De hecho, lo que nos ocurrió a nosotros no se hubiera consentido nunca con ningún miembro de ningún Gobierno antes. Si hubiera habido concentraciones frente a la vivienda de cualquier ministro, habrían terminado en cuestión de minutos, eso lo sabemos todos. Y, por supuesto, jamás se habría permitido que se produjeran manifestaciones constantes durante meses frente a la vivienda de un miembro del Gobierno. Nunca, hasta que llegó Podemos.

Muchas veces me sacan el ejemplo de Soraya Sáenz de Santamaría, cuando la Plataforma de Afectados por la Hipoteca (PAH) convocó un escrache frente a la casa de la entonces vicepresidenta primera del Gobierno en abril de 2013. Pero hay que recordar y recalcar que aquello duró solamente unas horas. La concentración se disolvió en minutos con una intervención policial contundente y, por supuesto, se abrió un procedimiento contra algunos de los manifestantes. Aquel proceso judicial finalmente se archivó después de casi un año.

Pero la impunidad es facilitadora del acoso y, unas semanas después de la protesta de Jusapol, comenzó a concentrarse ante nuestra casa la ultraderecha civil. Primero un día. Luego otro, tras otro, tras otro... Hasta que se normalizó. Nosotros no dábamos crédito ante el hecho de que se permitiera algo así. Hubo días en los que se colocaron literalmente a la puerta misma de la casa, radiando por megafonía insultos muy duros. Era una situación enormemente incómoda y agresiva, y, por más que trataba de imaginar que se podría dar la misma situación en las viviendas de ministros de cualquier otra formación política, creo que jamás se hubiera permitido. De hecho, nunca se ha permitido.

La consecuencia inmediata fue un cambio total en nuestro día a día en el ámbito personal: tuvimos que dejar de salir a pasear con los niños, no podíamos sacar a los perros ni ir al supermercado. Teníamos que pedir favores para hacer estas tareas sencillas, habituales, a las que casi no das importancia porque asumes que, en una democracia, nadie te va a impedir llevar una vida familiar normal.

Prácticamente no podíamos hacer vida en el pueblo en el que vivimos, lo que volvió la situación cada vez más desagradable. Pero quienes más lo sufrieron, como es lógico, fueron los niños, que eran muy pequeños. El acoso llegó a un punto en el que había días en los que era difícil dormirlos por los gritos de fuera. Cuando entrábamos y salíamos, siempre había mucha gente, mucho alboroto. Una situación nada sana para unos niños que, lógicamente, percibían la alteración de sus padres.

Recuerdo especialmente el día de mi cumpleaños, en octubre de 2020. Salí a dar un paseo con los niños por el campo y nos encontramos con un montón de gente con pancartas, insultando y gritando a sus padres. Ellos, obviamente, percibían nuestro estado de ánimo.

Llegaron a gritarme, entre risas, mientras tenía a uno de mis hijos en brazos «¡Feliz cumpleaños, hijo de puta!».

El acoso al que nos sometieron tenía un objetivo político muy claro, un mensaje casi mafioso: «No te merece la pena a nivel personal. No te metas. No luches, no pelees. No defiendas aquello en lo que crees».

Me lo pregunté no pocas veces en esos meses: ¿Si hubiera sabido que me iban a hacer esto habría asumido las responsabilidades que asumí? La respuesta la tengo clara: no. Porque esto no le compensa ni le merece la pena a nadie. Es algo que te supera que escapa de tu control y que tensa muchísimo a tu familia. A mi padre, que arrastra enfermedades muy graves, lo persiguió Cake Minuesa por las calles de su ciudad llamándole terrorista; mi madre, cuando venía a estar con sus nietos, tenía que ver a esta gentuza en la puerta de casa actuando con total impunidad. Es algo que produce un estrés enorme y que tiene un efecto político muy eficaz: «No te metas en política; vamos a ir a por ti y no nos va a pasar nada».

Hay momentos, incluso, en los que uno tiene que controlar sus impulsos. Vengo de donde vengo y, en mi cultura, a los fascistas se les hace frente con todo. Tengo claro que encararme con ellos, entrar en sus provocaciones o responder a sus insultos hubiera sido algo contraproducente. Sé que, en situaciones así, no queda más remedio que aguantar. Pero es difícil. Mucho. Les ha pasado también a muchos compañeros del partido, indignados ante la pasividad de los mandos de la Guardia Civil. Aunque eso era, precisamente, lo que pretendían. Cuando estás escuchándote están dirigiendo insultos duros mientras cuidas a tus hijos, hay momentos en los que el gesto se endurece, y lo que te brota es salir y plantarles cara. Pero haberlo hecho habría dejado ver una debilidad que no debía mostrar para no darles más protagonismo y para no regalarles la imagen que estaban buscando.

No solo es duro para los niños y para la familia: ver que tu pareja sufre es insoportable. Aunque estas situaciones unen, es tremendo ver a tu compañera sufrir y que ella te vea sufrir a ti, día tras día. No se lo deseo a nadie. Por suerte, el hecho de que los dos seamos militantes con muchos años de experiencia política nos ayudó a no perder la capacidad de razonar políticamente lo que estaba ocurriendo, comprender sus objetivos y evitar concederles esa victoria.

Pero si lo que nos ocurrió a nosotros le sucediera a alguien cuya pareja no se dedica a lo mismo o no tiene experiencia militante, sería más difícil de sobrellevar. Porque no se puede exigir racionalidad y frialdad política a cualquiera cuando le atacan, atacan a su pareja, a sus hijos, a sus padres y a los amigos o compañeros que le visitan en su propia casa.

Ser militantes nos ayudó a afrontarlo, tanto en lo personal como en lo político. Pero lo que estábamos viviendo, y que se prolongó durante meses, no tenía precedentes. Es cierto que los dos venimos de unas experiencias muy determinadas. En mi caso las aprendí también por vía familiar, por todo el compromiso que aprendí en casa. Pero hasta entonces en España se podía separar el ámbito familiar de la actividad política. Teníamos mucha experiencia militante, como digo, pero nunca habíamos vivido una situación que afectara tanto a un ámbito tan privado. Eso hay que vivirlo para saber lo que es.

Uno puede afrontar experiencias políticas enormemente duras y, después, irse a descansar tranquilamente a su casa, pero lo que nos ocurrió a nosotros fue un antes y un después que se asentó en aspectos muy novedosos, como el papel de los medios de comunicación, gracias a los cuales cualquiera sabe dónde vivimos y dónde estamos en cada momento. Y esa es la clave: las televisiones contaron a toda España dónde estaba nuestra casa y mostraron con esmero todos los detalles de la vivienda durante días y días. No dejo de pensar en cómo se sentirían los presentadores y directores de esos programas de televisión si un buen día se empezara a difundir información sobre sus domicilios, imágenes de sus casas, de su día a día y de sus familias como ocurrió con nosotros.

Ese mismo verano nos fuimos de vacaciones unos días a Asturias, a casa de Enrique Santiago y de su compañera. La invitación nos ofrecía la tranquilidad y la discreción que no podía prometernos un hotel u otro establecimiento, pero tuvimos que suspender las vacaciones y regresar a Madrid cuando un periódico publicó nuestras coordenadas exactas. Por supuesto, aparecieron por allí curiosos y periodistas dispuestos a hacer guardia en la puerta de casa para tomar una foto o arrancarnos una declaración; también se presentaron los fascistas, que llegaron a pedir el boicot a un restaurante del pueblo donde habíamos encargado comida[5].

Asturias es una zona de tradición minera y, enseguida, muchos militantes comunistas y de Podemos se ofrecieron a venir a hacerles frente, pero no tenía sentido que las vacaciones con los niños se convirtieran en eso, así que decidimos volver a Madrid.

He preguntado algunas veces a los periodistas que son capaces de hacer algo así por qué lo hacen. Siempre me responden que es su trabajo y que en eso consiste. Me pregunto cómo se sentirían si alguien les dijera a ellos que su trabajo consiste en perturbar su privacidad, cómo se sentirían si alguien les pidiera explicaciones por su trabajo cuando salen a pasear a un parque con sus hijos un domingo. Estoy convencido de que a eso lo llamarían acoso. Y tendrían toda la razón porque acosar, aunque lo haga alguien con carnet de periodista, de fotógrafo o de político, nunca puede ser un trabajo.

También ha sido constante la deshumanización a la que nos han sometido los ultras. No utilizan insultos políticos para referirse a nosotros. A mí me llaman «chepudo» y «rata». Hay que tomárselo a risa, pero me duele que mis hijos tengan que vivir sabiendo que hay gente que, públicamente, llama a su padre «rata» y a su madre «puta».

Es un clásico de la ultraderecha y de los medios de comunicación conservadores que son, como digo, la clave de lo que está ocurriendo. No hay que olvidar, insisto, que los primeros promotores de las concentraciones frente a nuestra vivienda eran periodistas. En concreto, fue la estrella de la Cope, Carlos Herrera, quien convocó una «romería» frente a mi casa pocos días después de que la compráramos, en 2018. Al final él no acudió, pero otros sí. Me pregunto cómo se sentiría Herrera si hubiera regularmente gente de izquierdas rodeando su casa para pedirle explicaciones.

La impunidad

¿Se imaginan qué ocurriría si yo, desde mis redes sociales, convocara a mis seguidores a ir a visitar la casa de Carlos Herrera y que él y su compañera jueza tuvieran que vivir lo que vivimos nosotros?

Es fácil saberlo: no se permitiría. Todos los periodistas, empezando por los de izquierdas, se solidarizarían con Herrera y la policía intervendría. Y me parecería bien que así fuera. Porque la clave no son las diferencias de motivación que pueda haber en las protestas ni que un escrache sea un mecanismo para reclamar un derecho o para señalar a alguien en concreto. La diferencia fundamental es que el que iba a hacer un escrache a la casa de Soraya Sáenz de Santamaría o el que le decía algo a Cristina Cifuentes sabía que no le iban a permitir hacerlo. Era absoluta la conciencia de que el que lo hacía se la estaba jugando, de que le detendrían, le darían un palo y le caería un marrón considerable, porque ni la policía ni los jueces iban a permitir que eso se prolongara más allá de unos segundos.

Con nosotros, por contra, hubo impunidad durante mucho tiempo y no hubo ninguna solidaridad, ni por parte de otros representantes políticos ni por parte de una prensa que, en buena medida, dijo que nos lo merecíamos.

El mejor ejemplo fue el de uno de los cabecillas de las protestas, Miguel Frontera, quien solo comenzó a tener problemas cuando traspasó todos los límites y grabó el interior de nuestra casa. Y no porque los agentes de la Guardia Civil que debían protegernos actuaran para impedírselo, sino porque fuimos nosotros quienes nos percatamos y salimos a avisarles de lo que estaba ocurriendo.

Los hechos son elocuentes. Estábamos solos, yo acababa de dar de cenar en el porche a los niños. Los había llevado a bañarse, los había acostado y, cuando volví a salir, lo vi asomado a la valla, riéndose y filmando con la cámara. En ese momento lo grabé yo para tener una prueba. En cuanto se dio cuenta, se bajó de donde estaba.

Entonces salí a la puerta y le enseñé la grabación a los guardias civiles que estaban allí. Les dije que se suponía que entre sus obligaciones estaba la de controlar el perímetro de seguridad de la casa y que este señor prácticamente se había encaramado a la valla sin que ninguno de ellos se hubiera percatado de nada. Menos mal que tenía el vídeo para que vieran que no me lo estaba inventando. Solamente en ese momento le detuvieron, aunque le pusieron en libertad de inmediato.

Con esto no quiero hacer una valoración del desempeño de los agentes concretos destinados en mi casa. No me corresponde. Todos los que estuvieron destinados allí eran buenos profesionales y hubo mandos que diseñaron operativos eficaces algunas veces. Es cierto que no era lo mismo que estuvieran los de la Comandancia de Galapagar a que estuvieran otros con otro tipo de formación. Y, desde luego, cuando empezó a ocuparse la Policía Nacional y nuestro servicio de escoltas, todo cambió.

Con los escoltas siempre hemos tenido una relación muy estrecha y humana. Es una relación muy personal porque cuidan cada día de nuestros hijos y de nuestra familia. Me gustaría mencionar los nombres de algunas mujeres y hombres del Cuerpo Nacional de Policía que, además de actuar con profesionalidad, me demostraron una altura humana que me conmueve. No lo voy a hacer porque no les haría ningún bien, pero ellas y ellos saben de qué estoy hablando.

La realidad es que hasta que los jefes de nuestra escolta no tomaron el mando de la protección de nuestra casa yo no me sentí muy seguro. Anteriormente, el jefe de la Guardia Civil de Madrid, el coronel Diego Pérez de los Cobos, llegó a enviar a sus agentes al Opencor de al lado de mi casa para pedir las grabaciones de las cámaras de seguridad por un bulo de la ultraderecha que decía que yo había ido al supermercado sin guantes y sin mascarilla, para ver si me podía hacer daño. No tenían orden judicial para hacerlo y se fueron con las manos vacías. ¡Como para estar tranquilo con esos mandos!

Aquel día de abril de 2020 yo no era consciente de que unos fachas me estaban grabando en la cola del supermercado. De hecho, se ve perfectamente en el vídeo que circuló por redes que yo no incumplía ninguna de las normas vigentes entonces. En el vídeo se escucha a uno de los ultras decir «rojo de mierda», pero no lo dijo muy alto; para que se escuchará en la grabación, pero evitando que yo pudiera oírlo.

Así que no. No me sentía muy seguro bajo la protección de este señor que, por otra parte, trató de cargarse a su jefe, al ministro del Interior, y se permitió quejarse y armar un escándalo porque Marlaska se plantó y le dijo que ya no iba a seguir en su puesto. Finalmente, la Audiencia Nacional dio la razón al ministro[6] y avaló su destitución.

El muro de la Justicia

Desde el principio denunciamos ante los tribunales lo que estaba ocurriendo, pero costó bastante hasta que finalmente un juez entendió que había que tomar alguna medida cautelar. En las primeras denuncias que presentamos, la lógica habitual era el archivo, al entender los jueces que los hechos no eran constitutivos de ningún ilícito. No dejo de pensar que, si se hubiera tratado de ministros del PP o incluso del PSOE, las cosas hubieran sido diferentes.

Ese elemento de impunidad es desolador. Irene y yo solo lo superamos con la conciencia de lo que significaba realmente que nosotros estuviéramos en el Gobierno. Para nosotros fue muy duro llegar y éramos conscientes de que la oposición a un Gobierno donde estuviéramos nosotros no iba a ser solamente la oposición de la derecha y la ultraderecha parlamentaria: sabíamos que iba a implicar resistencias que van mucho más allá.

Siempre insisto en esto, pero es la clave de todo: el papel de los medios de comunicación de derechas es determinante en todo lo que tiene que ver con nuestro acoso porque es lo que leen, ven y escuchan muchos jueces, muchos policías y, en definitiva, mucha gente. Y el mensaje que han lanzado de forma sistemática sobre la ilegitimidad de que nosotros formáramos parte del Gobierno fue fundamental en el desarrollo de los acontecimientos.

Un ejemplo: el presidente del Tribunal de Justicia de Castilla y León, José Luis Concepción, dijo en una entrevista que «la democracia de un país se pone en solfa desde que el Partido Comunista, que es al que pertenece este señor, forma parte del Gobierno». Ese «señor» soy yo. Y el juez dijo esto abiertamente, en una televisión privada que es propiedad de dos de los principales constructores de la comunidad, pero que se mantiene única y exclusivamente gracias a las subvenciones del Gobierno del PP y Ciudadanos, como todo su potente conglomerado mediático[7].

Por supuesto, el Consejo General del Poder Judicial no tomó ninguna medida disciplinaria contra el juez que, recordemos, preside el principal tribunal de una comunidad autónoma en España. El órgano presidido por Carlos Lesmes mil días después de que caducara su mandato dijo que «los jueces y magistrados no están privados del derecho constitucional a la libertad de expresión». Casi, casi lo mismo que decían cuando desde Podemos criticábamos alguna sentencia judicial.

Que una frase así la diga un juez y se vaya de rositas, no es baladí. Es muy representativo de quién es la oposición en España. De lo que es la derecha en España.

La derecha política, mediática, judicial y económica se refleja muy bien en lo que dijo, con una sinceridad digna de elogio, Mario Vargas Llosa ante Pablo Casado durante una intervención en uno de los actos de la Convención Nacional del PP: «Lo importante no es que haya libertad en las elecciones, sino votar bien». Ellos aceptan la democracia en la medida en que el resultado de la democracia no les disguste demasiado. Pero si el resultado les disgusta, están dispuestos a todo lo que en ese tiempo histórico sea posible hacer para recuperar su poder.

Nadie que se dedique a la política desde la izquierda debe desconocer lo que es la derecha española, porque es un continuo histórico.

Inda y La Sexta

Los momentos más complicados durante todo el tiempo que duró el acoso tuvieron que ver con mis hijos. No hubiera sido igual en caso de no tenerlos. De hecho, no lo fue durante unos cuantos años. Pero cuando hay niños por medio todo es más complicado.

Pese a las dificultades que tuvimos para judicializar lo que estaba ocurriendo, sí hubo un hecho concreto que logramos que tomaran en consideración los tribunales y que, en el momento de escribirse este libro, está pendiente aún de ser resuelto:

Cuando Irene y yo nos tuvimos que reincorporar a nuestras tareas después de los permisos de maternidad y paternidad, decidimos dejar a los niños con una cuidadora. Su casa estaba cerca de la nuestra, por lo que nos resultaba muy cómodo, y ella manejaba unos principios educativos muy buenos. Estábamos encantados.

Pero al poco tiempo apareció Alejandro Entrambasaguas[8], un asalariado de Eduardo Inda en *Okdiario*, y comenzó a acosarlos. Se dedicaba a llamar permanentemente al timbre de la casa de esta mujer haciéndose pasar por un tío que buscaba una cuidadora para su sobrino. Merodeaba por la zona en la que la cuidadora salía con los niños al parque y hacía fotos. Mis escoltas le pararon varias veces y le identificaron, pero continuó con el acoso. En la instrucción tuvo la desvergüenza de decir que estaba haciendo una investigación sobre pedagogía infantil y que por eso necesitaba hablar con esta persona en concreto, a quien llamaba por teléfono varias veces al día y a quien trataba de abordar cuando salía a la calle con mis hijos.

Finalmente, aquella mujer se derrumbó y nos dijo que no podía seguir cuidando de Leo y de Manuel, que la gente de *Okdiario* era gente peligrosa y que le daban miedo. Tuvimos que llevar a los niños a la escuela Infantil del Congreso donde Inda, en teoría, lo tendría más difícil. Para los niños esto supuso perder a una cuidadora que les encantaba y, en lugar de estar al lado de su casa, pasar casi dos horas diarias de viaje en coche para ir a la escuela.

Se pueden imaginar lo que pienso de los periodistas que sientan a Inda en sus televisiones y le llaman compañero. Algunos de ellos también tienen hijos. Me imagino lo que dirían si alguien hiciera a sus hijos lo que Inda hizo a los nuestros.

Estamos a la espera de que se celebre el juicio contra Entrambasaguas, para quien la Fiscalía pide un año de cárcel[9], aunque Inda se ha librado del procesamiento. Pero el problema, como digo, no son Eduardo Inda y sus sicarios. El problema es que este tipo y su gente salen en buena parte de las televisiones de nuestro país y, en especial, en la supuesta televisión de izquierdas: La Sexta.

Se lo he dicho a Antonio García Ferreras muchas veces: si los de *Okdiario* le hicieran lo mismo a tus hijos, tu amigo Inda y su gente no estarían en tu televisión. Y, cuando algunos compañeros de Unidas Podemos o de otros partidos me dicen que quizá no sea inteligente por mi parte criticar a alguien tan poderoso como Ferreras, no puedo dejar de responderles que si el protegido de Ferreras y Florentino Pérez hubiera hecho a sus hijos lo que le ha hecho a los míos, quizá no serían capaces de mantener el buen rollo que mantienen con el jefe de La Sexta.

Uno de los éxitos de cierto tipo de periodismo ha sido usar su enorme poder para evitar una estrategia común de todos los referentes de la izquierda. El éxito de Ferreras, que es muy listo y además es un trabajador metódico, tiene que ver con su capacidad para tener amigos en todas partes y ser capaz de recompensarles. «Aléjate de Iglesias y La Sexta te tratará bien» ha sido un mensaje explícito de Ferreras a mucha gente de izquierdas. Creo que para cualquier observador un poco atento a las escaletas de sus programas lo que digo le resultará evidente. Y en lo que respecta a los tertulianos, ¿alguien piensa que cualquiera de los tertulianos de Ferreras, por rojo que sea, se puede permitir criticarlo? Para muchos, estar en una tertulia en La Sexta representa un complemento salarial imprescindible, además de prestigio e influencia.

Así es el juego. Todos tenemos hipotecas y necesitamos llevar dinero a casa; eso es normal. Pero por eso es tan importante no depender en exclusiva de nadie si te dedicas a la comunicación. ¿Por qué escribes en tantos sitios? ¿Por qué das clases cada vez que te lo ofrecen? ¿Por qué haces tantas colaboraciones? Creo que no hace falta que conteste.

Que sucedan episodios como los que nos ocurrieron a nosotros no es más que el precio que pagamos por normalizar a la ultraderecha en el periodismo, con gentuza que tiene más espacio en televisión que nadie: por eso digo que la clave para entender la ultraderecha como amenaza para la democracia es fundamentalmente mediática.

Pasa exactamente igual con José Manuel Villarejo. El excomisario es fundamentalmente un producto mediático. No es James Bond, no es un gran espía. Es un huelebraguetas especializado en buscar secretos, vicios, cocaína, prostitutas... y vendérselo a medios de comunicación para destruir reputaciones. Esta es buena parte de la historia del periodismo en este país. Por eso resulta patético cuando periodistas supuestamente de izquierdas justifican sus relaciones con él defendiendo que su obligación es reunirse con todas las fuentes y que Villarejo era una de ellas. Es impresentable.

Los programas de televisión son el terreno donde se hace política. Así que, si uno quiere hacer política tiene que ir a Ferreras, tiene que ir a Ana Rosa y tiene que ir a un montón de sitios que muchas veces son muy desagradables. El caso de Ferreras es, como decía antes, el de una figura especial, porque es uno de los periodistas más poderosos y más inteligentes de este país. Siempre he tenido una relación cordial con él, pero ha sido la puerta de entrada de auténtica gentuza en el canal que dirige, se lo he dicho siempre a la cara. La pregunta que me vuelvo a hacer es clara: si alguien le hiciera lo mismo que hicieron a mi familia ¿cómo actuaría? La respuesta es que nadie ha hecho con él nada ni medio parecido pero, curiosamente, los periodistas que le han criticado no pisan La Sexta. Porque la condición básica para poder estar en La Sexta es que a Ferreras no se le puede criticar. En el diario *Público* lo saben bien.

Todo esto forma parte de la estructura del poder mediático. La Sexta es una televisión muy inteligente, porque es un canal para una audiencia de izquierdas con propietarios de derechas. Y juegan bien sus cartas: bas ver su papel durante las primarias del PSOE cuando enfrentaron a Susana Díaz y a Pedro Sánchez o, por ejemplo, en las elecciones de Madrid de mayo de 2021.

La estructura de poder mediático está muy bien armada para los intereses conservadores. Ferreras, que es el más listo de todos, ha sido capaz de moverse allí como pez en el agua. Es amigo del expresidente Zapatero y, a la vez, uno de los hombres de Florentino Pérez. Ha logrado que su programa sea una referencia política ineludible, tejiendo alianzas que le han permitido eliminar a sus competidores. Que se lo pregunten a Jesús Cintora.

Pero nadie podrá esconder su pecado conocido más impresentable: ser amigo, colaborador y protector de Eduardo Inda. Luego puede decir que es socialdemócrata, sentirse como Bob Woodward desvelando el caso Watergate, pero en realidad es el chófer del narco que describía el periodista de ficción Will McAvoy en *The Newsroom*: «Si dejas a alguien mentir en tu programa, quizás no seas el traficante que vende droga, pero eres el conductor que le lleva en su coche».

Eduardo Inda, con todo, es solo una pieza más en un engranaje complejo. Y ni siquiera el aspecto personal es el más relevante. Que alguien mande acosar a mis hijos lógicamente me toca. Pero para mí no hay una cuestión personal contra él porque, si no estuviera Inda, pondrían a otro igual. Tendría otras características personales, otro estilo, pero haría lo mismo.

Algo que nos ha diferenciado de otros actores políticos de la izquierda es que hemos denunciado con crudeza lo que son y eso no lo había hecho antes nadie. Nosotros hemos hecho que un montón de gente sepa quiénes son, cómo actúan y cómo funciona esa estructura de poder mediático. Lógicamente, hemos tenido quepagar un precio.

Hasta ahora nadie se había atrevido a hacerlo con tanta claridad. Hoy, el poder mediático es un elemento de discusión permanente en las redes. Muchos periodistas, hasta hace poco muy corporativos con ciertas cosas, han empezado a decir que en su profesión hay prácticas vergonzosas. Creo que hemos contribuido a laminar un corporativismo que hacía mucho daño al periodismo y a la democracia, y estoy muy orgulloso de ello.

«Esto no compensa»

Nosotros hemos puesto el cascabel a gatos muy peligrosos y es lógico que nos lo quieran hacer pagar. Y vaya si lo pagamos. Con creces. En todo el tiempo que duró el acoso frente a nuestra casa fueron muchas las veces que pensé en dejarlo. «Esto no compensa», me decía una y otra vez. De hecho, tuve la suerte de que las circunstancias políticas hicieron que fuera sensato, prudente y políticamente oportuno dejar paso a compañeras con mucha más capacidad que yo.

Creo que hice lo correcto, lo mejor para el futuro de Unidas Podemos y de Podemos. Además, fue una liberación personal.

Todavía hay gente que me pregunta si voy a volver a la política. No puedo evitar mirarlos con sorna. No voy a volver a la política institucional por muchas razones. Entre ellas, porque tengo tres hijos y ya van a tener que sufrir por ser hijos de quienes son. No pienso someterlos otra vez a las consecuencias de que su padre tenga responsabilidades políticas. Haré política desde otros ámbitos: desde la comunicación, como analista, haciendo entrevistas, escribiendo artículos, desde *La Base.* Intentaré seguir siendo útil, pero desde otra posición mucho más modesta.

Para mí fue muy duro desde el principio, desde que lanzamos el proyecto en 2014. Yo nunca he tenido la vocación de ser un dirigente político como me tocó ser, pero creo que logramos cosas muy importantes, hasta los adversarios lo reconocen. Pero ahora les toca mandar y liderar a las compañeras.

Cuando me plantean: «¿pero no echa usted de menos el poder?», no sé muy bien a qué se refieren. Entiendo que habrá gente que habrá disfrutado de eso que llaman «las mieles del poder», pero yo no he podido saborear nada de lo que se supone que conlleva. Para mí, estos años han estado llenos de renuncias y han tenido muy pocas compensaciones.

Ahora vuelvo a disfrutar de mi vida. Por eso también respeto mucho y trato de cuidar a los que siguen dentro, en especial a los más atacados. Y a veces me molesta un poco la dureza de las críticas que hacen los que están en una posición muchísimo más relajada. Lo cómodo es escribir artículos —encima, te pagan por hacerlo—, lo duro es estar ahí, dando la cara.

El objetivo era presentarme como un ser abyecto a todos los niveles, por todo lo que yo representaba. Por eso también se creó el relato del vividor. Algo que ha ido cayendo por su propio peso porque a mí no me habrían permitido ni el más mínimo desliz.

Recuerdo que tuve una conversación con el exvicepresidente de Bolivia, Álvaro García Linera, en la que me explicó que dedicarse a la política a nuestro nivel implica convertirse en un monje. Y tenía toda la razón. Si a ese pobre diablo que había sido juez en Marbella, que fue el abogado del socio del marido de Ana Rosa Quintana, le pusieron una cámara en los baños de un bar para a ver si esnifaba cocaína, ¿qué no habrán hecho para intentar pillarnos en algo a nosotros?

Me dijo un abogado en una ocasión: «cómo tienes que haber sido para que ni siquiera hayan logrado imputarte ni una sola vez». Reconozco que me produce una mezcla de miedo y asco pensar en todos los que tienen que haber estado pendientes de mí para ver si me acostaba con quien no debía, si me drogaba, si salía, si entraba, si me veía con este o aquel, si había podido cometer algún ilícito, aunque fuera una sanción de tráfico. Y con el enemigo trabajando sin parar y con muchos sectores de la judicatura muy motivados para buscar lo que fuera, ni siquiera han logrado una triste imputación en siete años... A veces hablando con mis padres nos reímos: ¡Hijo, no te criamos para ser un santo!

Si cualquiera de los bulos que se publican sobre mí fueran ciertos, aunque fuera mínimamente, habría alguna prueba. Alguna foto, algún vídeo. Algo. Pero en el fondo da un poco igual porque ese «algo habrá» que se genera es muy peligroso. Es enormemente sencillo construir un rumor sobre alguien. En mi caso, la dificultad que tiene es que si hasta se filtra con quién como en un reservado de un restaurante, ¿qué vida secreta voy a poder tener?

Yo tengo claro desde hace muchos años que es imposible ocultar absolutamente nada. Imposible. Uno tiene que asumir que todo lo que habla por teléfono, que todos los mensajes que manda, todo lo que hace, está bajo escucha. Hay que normalizarlo y no tener nada que ocultar, porque es imposible hacerlo.

Es evidente que, de darse, son prácticas sin autorización judicial y es muy complicado saber a quién pinchan y a quien no. Cuando un teléfono se pincha por orden judicial tiene que haber una serie de órdenes y transcripciones; esa información luego se documenta y se archiva. Pero cuando se hace de manera irregular, no queda rastro. Es imposible saber quién escucha y bajo qué ordenes.

El problema es que contra estas situaciones es imposible tomar medidas, jugar a la clandestinidad. Es imposible esconderse, lo que hay que hacer es normalizar que todo lo que se hace, todo lo que se dice, porque pueden estar escuchando. ¡Si hasta aparecen audios de Florentino Pérez!

El Gobierno y las fuerzas de seguridad

Al poco de comprarnos la casa, en 2018, la Guardia Civil instaló, sin avisarnos, una cámara de seguridad cerca de la puertaque apuntaba hacia el exterior de la vivienda. Podía tener lógica colocar un dispositivo así para vigilar quién pasaba por las inmediaciones o ver si alguien se acercaba. Hasta ahí todo bien. Pero un día un vecino vino a avisarnos de que había visto la cámara instalada y que, después de trastear un poco por internet, había encontrado una página web en la que cualquiera podía acceder a lo que grababa. Es decir, cualquiera podía saber quién entraba y quién salía de mi casa y a qué hora entraba.

Fue algo que nos pareció imprentable. Inmediatamente se lo dijimos a la Guardia Civil y lo denunciamos[10]. Pusieron cara de asombro, de «no sabemos cómo ha podido pasar». Lo que sospecho es que ese enlace lo tenían varios medios de comunicación y que ponían a alguien a mirar quién entraba y salía de la casa de Iglesias y Montero. Increíble.

Además de denunciarlo, hablé personalmente con el presidente del Gobierno y con el ministro del Interior. Los dos me respondieron que era una barbaridad y que iban a llamar inmediatamente para enterarse de qué estaba pasando. No hubo resultados de esas gestiones.

Mi sensación es que la parte socialista del Gobierno nunca ha tenido mucha voluntad de molestar a ciertos mandos de la Policía y de la Guardia Civil. En mi opinión, deberían haber sido más hábiles. Es evidente que eso implicaría pisar muchos callos, pero creo que hay que actuar con autoridad y contundencia cada vez que se produzca un comportamiento inaceptable. Con todo, no creo que el PSOE vaya a hacer eso jamás. Y les va a ir mal no hacerlo porque la manera de hacerse respetar es demostrar que mandas. Es algo que he hablado con gente del PSOE y están de acuerdo conmigo.

Creo que Pedro pensó que si ponía a Marlaska le iban a respetar. Un juez que estuvo en el Consejo General del Poder Judicial a propuesta del PP y que tenía una hoja de servicios que podía generar muchas simpatías en los sectores más conservadores de las Fuerzas de Seguridad. ¿Cómo no le iban a respetar?, se preguntaría Sánchez. Pues ya hemos visto lo poco que le han respetado y lo que hacen con él cada miércoles la derecha y la ultraderecha en las sesiones de control.

Si yo hubiera estado en el lugar del presidente, hubiera hecho otra cosa. Como escribía el pasado mes de noviembre en el artículo del diario *Ara* citado al principio de este capítulo:

No padezco ningún tipo de complejo progre hacia los uniformes y la fuerza pública. Recuerdo cuando llamé al portavoz de la Asociación Unificada de la Guardia Civil para que colgara temporalmente su uniforme y se presentara a las elecciones por Podemos. Hoy sigue en el Congreso, dando la cara por los trabajadores del metal de su Cádiz y por los profesionales de las Fuerzas Armadas y de las FSE. Nunca me ha gustado ese clasismo que entiende que el trabajo policial es impropio de gente de izquierdas o esa candidez según la cual si eres de izquierdas no puedes opositar para ser juez o policía.

El chalé

Nunca nos hemos arrepentido de la decisión de comprar nuestra casa.

Para Irene y para mí, ir a un parque público muy concurrido con nuestros hijos se puede traducir, en el mejor de los casos, en que nos hagan fotos, algo que no es muy agradable si estás con tus hijos. Tampoco resulta atractiva la idea de ir a una piscina pública con mi familia. Sería todo un espectáculo: «mira, ahí está Iglesias, "el Coletas"». Ni siquiera cuando nos trasladamos de Vallecas a Rivas fue fácil sacar a los perros.

La Navata nos aportaba eso, la posibilidad de vivir con más tranquilidad. Pero había, además, una razón de mucho peso: en La Navata hay un colegio público muy especial con un sistema de proyectos maravilloso. La zona también nos daba la posibilidad de pasear por el monte sin encontrarnos con nadie. Es un entorno con poquita densidad de población, lo que nos permite ir al parque o al supermercado tranquilamente con los peques. Que mis hijos se puedan bañar en la piscina de casa conmigo sin que nos hagan fotos y sin que que haya ninguna situación agobiante es un privilegio que me puedo permitir y al que no pienso renunciar. Así de claro.

Por eso nos fuimos allí. Fue una decisión privada que volvería a tomar una y mil veces. De hecho, nuestra casa ha sido la garantía de poder sobrellevar con mucha más comodidad los momentos más duros.

La polémica que se organizó alrededor de la compra de la casa no demuestra sino que con nosotros se han dado situaciones que nunca habían ocurrido antes. Una pareja, los dos hijos únicos; en mi caso, con unos padres con buenos salarios y herencias. Además, había fallecido el padre de Irene y ella también había recibido su herencia. Nos podíamos haber permitido comprarnos un buen piso en Madrid, incluso más caro que la casa que finalmente adquirimos. Yo era consciente de que un piso en Madrid, aunque costara más dinero que un chalet, no tendría el mismo significado. No obstante, decidimos poner a nuestra familia por delante de cualquier otra consideración. Y lo volveríamos a hacer.

Hacer algo así jamás hubiera supuesto nada para un político en activo en España... pero éramos nosotros. Aquello supuso la inauguración de un dispositivo nuevo para machacarnos con capacidad de influir en su propia gente. No hay que desdeñarlo porque es evidente que influyó en nuestra gente. Si las teles no paran de repetir un marco, es muy difícil contrarrestarlo. Hasta Enric Juliana, que suele jugar en una liga selecta del periodismo, acabó dando su opinión sobre el barrio de Madrid en el que deberíamos vivir. Creo que jamás habría escrito nada semejante sobre cualquier otro líder político, pero nadie puede escapar de un tema cuando el tema se impone.

Daré un ejemplo reciente, además de absurdo e interesante, de cómo funcionan los bulos y los marcos: después del último bulo, que decía que nos habíamos divorciado y me había mudado a Barcelona, muchos amigos de Cataluña me han escrito para ver cuándo quedábamos. Esa es la eficacia de los bulos que, además, ojo, pueden imponer un marco: mucha gente llegó a defender nuestro derecho al divorcio. Se daba por hecho que el bulo era cierto. Por suerte, esta vez Juliana no escribió un artículo sobre mi derecho al divorcio, aunque quizá lo pensó.

Las primeras semanas del acoso vino mucha gente a hacer frente a los fascistas a la puerta de casa. Pero lo que ocurrió fue que era a ellos a quienes identificaban y multaban. Los guardias civiles les trataban peor que a los ultras, así que les pedimos que dejaran de venir. El temor era que hubiera una trifulca, que encima les rompieran la cara a los nuestros y que lo presentaran hacia fuera como una suerte de batalla entre radicales, cuando había unos que atosigaban y otros que iban a defendernos de forma pacífica.

Quiero mostrar mi gratitud a toda esa gente que vino a apoyarnos. En esos días se generaron vínculos muy estrechos con gente del partido y del espacio. Recuerdo a Julio Rodríguez, a quien ser un general del Aire no le libró de que le identificara la Guardia Civil —aunque sabían obviamente quien era—; a Rafa Mayoral, a Jesús Santos y a su gente de Alcorcón; a los compañeros de la Sierra de Madrid; incluso a gente que ya no estaba en Podemos, como Ariel Jerez y que vino a dar la cara; a mi madre, que se camuflaba en las concentraciones antifascistas para hacer frente a los que acosaban a su familia; a los compañeros de logística, que tuvieron que vivir situaciones muy incómodas. Recuerdo también a Enrique Santiago. Un día que venía a casa le reconocieron y le insultaron. Se bajó del coche, se encaró con ellos y pidió a la Guardia Civil —Enrique es hijo de guardia y domina ciertos códigos— que hicieran su trabajo. Es la actitud que se debe tener, pero que yo no me podía permitir.

En esos momentos se generaron lealtades muy fuertes. Y, aunque tuvo un coste, también mucha gente entendió, incluso dentro del propio espacio político, lo que representa Podemos en la historia de la izquierda. Muchos comprendieron que si nos hacían lo que nos hacían era porque estábamos siendo capaces de llegar más lejos que nadie.

Por eso nos lo hacían. Para que a nadie le merezca la pena dar el paso. Y, por eso también, este libro: para que no vuelva a ocurrir. Para contar la verdad de lo que pasó, por muy incómoda que resulte.

SEGUNDA PARTE

LA CACERÍA

El paso del tiempo ha magnificado algunos de los hitos iniciales de Podemos. El propio Pablo Iglesias reconoce que los casi 1,3 millones de votos de las europeas de 2014 no fueron para tanto. O, mejor dicho, no implicaban necesariamente el terremoto que vino después. IU tuvo más apoyo; UPyD obtuvo un resultado similar. Pero el éxito, fuera mayor o menor, del nuevo espacio político provocó una dura reacción en contra de una parte del sistema judicial, económico y mediático heredero de la Transición.

Mucho antes de que la ultraderecha se manifestara en la puerta de la casa de Iglesias y Montero hubo quien, desde el aparato del Estado y sus aledaños, escudriñó hasta el último átomo del universo articulado alrededor de Podemos. Sin encontrar nada relevante. Es un hecho que han sido sometidos a un examen —a veces, legal y legítimo; otras, al margen de la ley— del que han salido, básicamente, inmaculados. Lo primero fue una evidente consecuencia, en diferido, de lo segundo.

Ahí están las hemerotecas y los muchos procesos judiciales celebrados para colocar a cada uno en su sitio. Ahí está el famoso y apócrifo Informe PISA, que permite trazar los hilos que unen las cloacas del Estado con algunos autodenominados «periodistas».

Lo relevante no es tanto lo que ocurrió, que forma ya parte de la historia, como las consecuencias que tuvo y la lectura política que se puede hacer al mirar por el retrovisor. Porque la defensa del cortijo funcionó, relativamente. Pese a los carpetazos judiciales, las cloacas lograron buena parte de sus objetivos.

El primero y fundamental: desviar el foco. Pese a que Podemos era un partido fundado por gente con formación y experiencia política y mediática, la agresividad de los ataques los cogió desprevenidos. O quizá nadie pueda anticipar algo así, tal y como apunta Iglesias cuando recuerda algunos de los principales episodios de la «cacería» emprendida contra ellos. «Uno puede teorizar lo que significa que te partan la cara, pero no hay universidad que te prepare para que te den un puñetazo», explica.

Uno de los principales éxitos de la reacción contra Podemos fue el de propiciar una división interna que está, sin duda, en lo alto de los motivos que explican el cierto desfonde social sufrido por el partido. Volvió, con fuerza, el eterno síndrome de La vida de Brian, *pese a las conjuras internas al más alto nivel para tratar de evitarlo.*

Pero la política guarda cierta capacidad de autonomía, como demostró Pedro Sánchez con su «no es no». Un gesto que sirvió para que el hoy presidente del Gobierno se ganara el respeto de Iglesias. Y lo que no lograron fue abatir a la pieza mayor. Esa autonomía propició la moción de censura de 2018 y el Gobierno de coalición de 2020, que rompió la «cláusula de exclusión» que pesaba sobre ellos. Uno de los hitos que señala Iglesias, estudioso del auge y declive del PCI, como parte de su legado.

Los Bárbaros de Cavafis sí cruzaron esta vez el limes. La llegada de Podemos al Gobierno no apaciguó la reacción: la exacerbó. Pronto Iglesias fue consciente de que la doble cita electoral de 2019 había sido su última contienda estatal y comenzó a preparar su relevo en la figura de Yolanda Díaz.

A.R.

¿Por qué calles y plazas aprisa se vacían
y todos vuelven a casa compungidos?
Porque se hizo de noche y los bárbaros no llegaron.
Algunos han venido de las fronteras
y contado que los bárbaros no existen.

¿Y qué va a ser de nosotros ahora sin bárbaros?
Esta gente, al fin y al cabo, era una solución.
Esperando a los bárbaros, CONSTANTINO CAVAFIS

Los bárbaros

Todos los ataques que recibimos desde 2014 tienen un componente político y personal. El objetivo de la cacería que emprendió un sector del *deep state* y sus terminales mediáticas era más que evidente. Nosotros representamos, en sentido amplio, una fuerza política, un espíritu, una tradición y un planteamiento que había sido históricamente excluido y que volvió con una fuerza imprevista y sin techo electoral aparente. Tenían que abatirnos.

La Transición fue un proceso exitoso en la medida que ordenó la correlación de fuerzas políticas. Dos grandes partidos estatales —PSOE y PP— se consolidaron como reflejo aparente de las grandes tradiciones europeas, dos partidos —CiU y PNV— que dominaron los subsistemas políticos catalán y vasco, y con los comunistas aceptando la monarquía, aceptando la Constitución, aceptándolo todo, con un peso electoral que no les permitió formar Gobierno. La única opción que hubo, el PSUC, murió en sus luchas internas. Un factor que la izquierda tiene que tener siempre presente: incluso cuando te va bien, al final las luchas internas pueden acabar contigo.

Tras las elecciones europeas de 2014, Podemos se ubica en la familia del Grupo Izquierda Unitaria Europea/Izquierda Verde Nórdica, el GUE. Allí coincidimos con los alemanes de Die Linke, los griegos de Syriza, el Front de Gauche francés, y con comunistas, socialistas y verdes de izquierdas de países como Portugal, Países Bajos, Suecia, Finlandia, Dinamarca o Chipre, además de con la propia IU.

Nosotros éramos quizás más modernos, llegábamos a la política con otro estilo y procedíamos de otro contexto, pero teníamos claro cuál era nuestra familia ideológica. No era menor que alguien de esa familia pudiera llegar al Gobierno de España. De hecho, hicimos patente esa voluntad, la de gobernar, desde el principio. Es una de las señas de identidad de Podemos y es lógico que el poder se defienda de lo que entienden es un elemento *outsider*, un nuevo actor que no forma parte del reparto de posiciones que existía antes.

Con aquellas elecciones del 25 de mayo terminó una primera fase en la que la única obsesión que teníamos era entrar en el Parlamento Europeo. Entrar, entrar, entrar. Teníamos buenas sensaciones, pero ninguna encuesta decía que fuéramos a sacar más de uno o dos eurodiputados. Era a lo que aspirábamos para cumplir nuestros modestos objetivos iniciales. Con ese resultado hubiéramos logrado abrir un huequito para empezar a hacer política con más recursos, que era la idea original.

Pero la realidad superó ampliamente las: casi 1,3 millones de votos y cinco representantes. Por poner el resultado en contexto, en apenas cuatro meses y 10 días nos habíamos situado como el cuarto partido más votado de España, a solo 300 000 votos de IU-ICV-Anova —terceras— y con una ventaja superior a 200 000 sufragios sobre UPyD —quinta— que, pese a lograr su mejor resultado en unas europeas, entró inmediatamente en barrena hasta desaparecer casi por completo un año después.

Los dos principales partidos de España vieron reducido su apoyo popular en varios millones con respecto a las anteriores elecciones europeas celebradas en 2009. El PP pasó de los 6,6 millones de votos a superar apenas los cuatro. El PSOE, de 6,1 a 3,6. Cinco años antes de nuestra llegada, la tercera candidatura apenas superó los 800 000 votos. En 2014 hubo solo tres partidos que superasen el millón.

El apoyo popular que recibimos nos colocó inmediatamente en una liga con muchas más potencialidades de lo que decían esos 1,3 millones de votos que, al fin y al cabo, no eran tantos. De hecho, la coalición entre IU, ICV y Anova nos superó y por detrás se colocó UPyD en rangos similares. Después de las europeas, las encuestas ya empezaban a señalar un crecimiento de Podemos sin comparación, un fenómeno sin precedentes en España. A partir de ahí, todos vimos que estábamos inmersos en una revolución del sistema político.

Ese mismo verano de 2014, llegaron los primeros sondeos y el análisis que hicimos quizás pecó, incluso, de falta de sutileza porque no confiábamos tanto en la autonomía de la política. Pensábamos que los movimientos de régimen iban a ser mucho más unívocos, estábamos convencidos de que ante nuestro avance iba a haber un acuerdo del tipo que fuera entre el PP y el PSOE. La clave de lo que ocurre en España a partir del 25M es que ese acuerdo no terminó de producirse, lo que generó una tensión sin precedentes dentro del PSOE. Pedro Sánchez fue el producto de esa tensión.

La Gran Coalición y la *sorpresa Sánchez*

Vamos a dar un pequeño salto temporal: después de las elecciones de diciembre de 2015, recuerdo la primera reunión del Consejo de Coordinación de Podemos, de la *ejecutiva* del partido. Yo estaba convencido de que se iban a sentar el PSOE y el PP, y se pondrian de acuerdo de alguna forma. No pensaba que nosotros fuéramos a generar una tensión como la que generamos en el seno de los socialistas. No pensé que su estrategia consistiría en buscar un acuerdo con Ciudadanos, con el que no daban los números, para intentar forzarnos a nosotros a la abstención. Y, mucho menos, que iban a hacer que todos los poderes mediáticos nos presionaran para que apoyáramos un Gobierno del PSOE con Ciudadanos. Veía incluso más posible que el PSOE tratara de explorar un Gobierno de coalición con nosotros para aprovechar que todavía tenían ventaja en votos y escaños, y que nosotros no teníamos experiencia. Es verdad que en 2015 y en 2016 tuvimos mucha más fuerza electoral de la que tuvimos después. Pero si entonces hubieran aceptado la coalición que les propusimos, nos habrían metido en una dinámica muy difícil. La habríamos aceptado con ilusión, pero habría sido difícil.

Que nosotros hubiéramos entrado en aquel momento en el Gobierno habría resultado raro para muchas personas que estaban encantadas con «el Podemos que impugna» o con «el Podemos que va a ser después la oposición a Rajoy». Y de repente, en dos años, Podemos con ministros y vicepresidentes.

Hoy pienso que habrían podido matar a Podemos si nos hubieran dejado entrar en el Gobierno mucho antes. Yo tendría que haberlo asumido porque cuando tienes una oportunidad de formar gobierno hay que aceptarla, pero era consciente del peligro. Que intentaran hacernos el abrazo del oso con puestos el Consejo de Ministros me parecía más verosímil, más sutil. Que el PSOE nos llevara a su terreno, el de la gobernanza, la gestión y la experiencia. Tenía más sentido que lo que intentaron con Ciudadanos; más sentido que acuchillar a Pedro Sánchez, como hicieron después, y más sentido que todo el proceso que se desencadenó contra nosotros.

A pesar de que el PSOE no quiso gobernar con nosotros, el hecho de que les hiciera tanto daño pactar con el PP me hizo pensar que la posibilidad de gobernar con el PSOE era mucho más real de lo que yo creía cuando vaticiné en aquella ejecutiva que la *grosse coalition*, que el bipartidismo, iba inmediatamente a tomar una posición de representación de los intereses que habían defendido históricamente. Creo que en el PSOE había una pulsión que tenía que ver con la militancia y con algunos dirigentes que, aunque fueran minoritarios, defendían que irse con el PP supondría desaparecer del mapa. Creo que ese instinto que les salvó la vida.

Tampoco descarté nunca el escenario de la pasokización del PSOE, con nosotros ocupando buena parte de su espacio cultural. No íbamos a tener mayoría absoluta, pero desde ahí podríamos empezar a trabajar, con un margen de años, como la principal fuerza de oposición en España. Ya llegaría nuestro momento.

Pero Sánchez hizo un movimiento inteligente cuando no aceptó esa gran coalición. Salvó a su partido y se salvó a sí mismo. Y es por lo que pasará a la historia.

Lo curioso es que él no tomó esta decisión por razones ideológicas. Sánchez nunca ha representado la izquierda del PSOE ni ha sido un perfil que haya destacado por tener un proyecto político muy definido. No era el Oskar Lafontaine español. Había otros perfiles que habrían podido jugar ese papel, pero no era el caso de Sánchez. Incluso Edu Madina, que era la derecha del PSOE respecto a Sánchez, podría haber jugado a eso: creo que su personalidad se lo hubiera permitido.

«Si Sánchez rechazó la alianza con el PP, lo hizo guiado por un agudo instinto de supervivencia política. No es que Pedro estuviera ideológicamente en contra de lo que planteaba la vieja guardia del partido; es decir, salvar al régimen aliándose con el PP. Simplemente era consciente de que eso era incompatible con ser una fuerza política que tuviese los resultados que pudieron mantener finalmente.

Una vez quedó claro que no habría gran coalición, nuestras opciones de ser fuerza de Gobierno crecieron, aunque fuera en una posición subalterna respecto al PSOE. Eso acrecentó la cacería sin precedentes contra nosotros.

El Cortijo

Casi a la vez que entramos en el Congreso en enero de 2016, con 5.189.333 votos y 69 diputados, apareció una primera oleada de informaciones falsas sobre Podemos, que luego supimos que tuvieron su origen en el famoso *Informe PISA* (Pablo Iglesias, S.A.), un chapucero dossier fabricado por la policía política del PP con recortes de prensa y conjeturas sin demostrar.

Aquello podría entenderse como el primer gran intento de desestabilizar y destruir a Podemos, y a mí como su secretario general. «La UDEF investiga a Podemos por financiarse con cinco millones de euros procedentes de Irán», tituló *El Confidencial* el 12 de enero, un día antes de la constitución del Congreso. Según este relato, la Policía Nacional seguía las pistas trazadas en supuestos «informes de inteligencia» sin concretar. La *fake news* sostenía que habíamos inflado facturas por valor de cinco millones de euros. ¡Cinco millones! El *Abc* rebajó un par de días después la cantidad y dijo que yo había recibido 93 000 euros en tres años.

Varios de los medios donde aparecieron relatos similares publicaron la portada del *Informe PISA*, dirigido contra mí. En él se veía el sello de la Dirección Adjunta Operativa de la Policía Nacional, que por entonces dirigía Eugenio Pino. La DAO fue el germen de la policía política organizada por el Ministerio del Interior durante los gobiernos de Mariano Rajoy. Un entramado que no solo fabricó pruebas contra dirigentes independentistas catalanes o contra nosotros, sino que también fue utilizado para la llamada «operación Kitchen», la supuesta destrucción de las pruebas que demostrarían la financiación ilegal del PP y que ratificarían las denuncias de su extesorero Luis Bárcenas. Hoy hay varias piezas judiciales al respecto abiertas en la Audiencia Nacional y una comisión parlamentaria que intenta determinar las responsabilidades políticas de lo ocurrido.

Lo más interesante de aquel episodio es que inauguró un paradigma. Un observador extranjero podría pensar que las cloacas del Estado se pusieron a operar para encontrar pruebas reales de una eventual financiación ilegal de Podemos o algo similar. Pero la clave es que, desde el principio, desde que se ponen a investigar, se dan cuenta de que no hay nada. Absolutamente nada. Y, entonces, concluyen —y esto es lo interesante— que, en realidad, lo importante no son las pruebas: lo importante era el relato.

El *Informe PISA* es una chapuza de principio a fin[1]. Si alguien tuviera que acreditar algún mérito como huelebraguetas o como policía de la cloaca, ese pastiche no serviría para nada. Es una basura. Pero es un artefacto que sirve para generar escándalo mediático continuo. A partir de ahí se construye un *modus operandi* contra nosotros que consiste en generar escándalos y ruido, y eso permite que se relacionen ciertos policías de la cloaca, ciertos jueces y periodistas claves.

La idea es sencilla: ustedes no se preocupen porque no se les condenará por nada. No hace falta que esto tenga ninguna verosimilitud o que llegue a ningún lugar a nivel procesal. Simplemente, manténganlo abierto policial y judicialmente la mayor cantidad de tiempo posible y denme de comer, que lo importante es alimentar tertulias, alimentar telediarios, alimentar titulares.

La prueba de que todo eran patrañas es que, siete años después, las únicas condenas de las que ha podido ser objeto Podemos son por su activismo social y por la habilidad que tenemos a la hora de practicar artes marciales con policías antidisturbios. Cualquier día condenan a Echenique por lanzar cócteles molotov. Pero jamás han podido armar nada que tenga que ver con dinero ni con financiación.

Lo de Isa Serra es un montaje policial contra una activista que acude a intentar parar un desahucio. Se fundamenta en declaraciones policiales falsas, en las que dicen que Isa les insultó y les empujó. No solo no hay ni un solo vídeo de tales agresiones o insultos, sino que en las imágenes aportadas como prueba no se ve a Isa cerca de los policías en ningún momento. Es evidente para cualquiera que es mentira, pero tenían que ir a por nosotros. Y con Alberto Rodríguez ocurre tres cuartos de lo mismo: puro activismo político. Dicen que le dio una patada a un policía, pero es inverosímil. Nuevamente no hay pruebas y, las que hay, apuntan en sentido contrario a la condena que el Supremo finalmente le impuso contra dos votos particulares.

A mí ni siquiera han logrado imputarme. Por nada. Que tampoco significa mucho que te imputen, pero ni siquiera han logrado eso. ¿Qué es lo más duro que podían tener contra mí? Cosas que decía en *La Tuerka* cuando presentaba el programa. O construir una trama de película sobre vínculos con Venezuela, Irán o lo que fuera. Saben que eso no va a ninguna parte, pero les permite generar un relato. Y, entonces: repetir, repetir, repetir y repetir en bucle los marcos y los mensajes.

Que el poder tuviera que mostrar su desnudez de manera tan clara contra nosotros y contra el independentismo catalán hace que ahora la situación de nuestra democracia sea impresentable. Y, pese a todo, había una diferencia. Los *indepes* estaban planteando un desafío que suponía nada menos que irse de España. Nosotros éramos una gente que veníamos a decir, con un programa socialdemócrata en muchos aspectos, que queríamos cambiar las cosas presentándonos a las elecciones y respetando escrupulosamente la ley de este sistema.

No es un detalle menor. En un caso, el Estado —o los poderes profundos del Estado— practican una guerra sucia mediática, judicial y policial para atacar a quienes se quieren independizar de ese Estado. Es ilegal y no tiene justificación posible, pero el desafío que se les está poniendo delante es que el Estado pierda una parte crucial de su territorio. El terrorismo de Estado se puso en marcha contra ETA y su entorno político. No tenía justificación, pero ETA ponía bombas y mataba a militares, a policías, a guardias civiles, a jueces, a periodistas, a miembros de partidos políticos...

En nuestro caso, se utilizaron esos dispositivos ilegales de Estado y munición mediática de una agresividad sin precedentes simplemente por nuestras ideas y porque podíamos aspirar a gobernar. No fueron a por nosotros porque quisiéramos separar una parte del territorio o porque matáramos para lograr nuestros objetivos: fueron a por nosotros porque queríamos disputar el poder en el Estado usando medios legales. La diferencia no es menor.

En este país siempre han mandado los mismos. Siempre. La guerra a muerte que se desató en los años 90 entre los socialistas que resistían en el poder y el asalto de la derecha utilizando los instrumentos mediáticos como lo que representaba *El Mundo* de Pedro J. Ramírez, fue una pelea cruenta. Pero era una pugna entre ellos. ¿Quién saca el vídeo de Pedro J. teniendo relaciones sexuales? Dicen que gente vinculada al aparato de los GAL y, a su vez, vinculados al PSOE. ¿Y quiénes son los que están operando desde el otro lado? La derecha de toda la vida. Eso era una pelea intrarrégimen.

Aquello eran mafiosos peleando contra mafiosos. Eso con nosotros es inimaginable. Nadie se imagina a nuestra fuerza política contratando a un grupo de mercenarios para poner cámaras a nuestros enemigos mediáticos, para ver con quién follan o qué drogas se toman. Que les señalásemos con nombres y apellidos fue suficiente. Que dejáramos claras nuestra intención de gobernar y estar en todos los espacios posibles del Estado, bastó para que fueran a por nosotros.

Es falso que el anticomunismo sea una reacción a las ideas de los comunistas; es una reacción a la voluntad de poder de los comunistas. Por eso siempre nos vieron como comunistas: sabían que nuestro programa llegaba hasta donde puede llegar un programa en el contexto geopolítico de España, pero vieron que queríamos disputar el poder —aunque fuera el limitado poder del Estado de hoy—. El comunismo es una voluntad de poder para representar intereses diferentes a los oligárquicos antes que una suerte de utopía llena de buenas intenciones. Esto, en muchas ocasiones, lo han entendido mejor los anticomunistas que los enamorados de los símbolos y las fraseologías izquierdistas.

Volviendo a los noventa, no se puede establecer un paralelismo entre lo que ocurrió entonces y lo que nos ha pasado a nosotros porque aquella fue una guerra entre gente que ya tenía mucho poder. La prueba es que se han reconciliado en cuanto hemos aparecido. ¿Quién se habría imaginado a Felipe González y a José María Aznar compartiendo más de una vez escenario para defender el Régimen del 78?

¿Había diferencias entre esos mundos a la hora de entender la relación con Europa, la política económica o la presencia de España en la OTAN? No. Ahí simplemente se estaban matando entre ellos para ver quién estaba en el Consejo de Ministros y de quién era la clientela de amigos que se veía más beneficiada.

Nosotros somos los bárbaros de Constantino Cavafis. Somos los herederos de una tradición que en ochenta años no había formado parte del Estado y que, de repente, llama a la puerta de la Moncloa. Y con mucha fuerza. Pedro J., que todo lo que tiene de personaje abyecto no le quita un gramo de inteligencia, entendió perfectamente que procedíamos de una corriente democrática de fondo que existe en España desde el siglo XIX. Él pensaba que esa corriente estaba muerta y enterrada, o muerta y cooptada. Pero con nosotros el viejo fantasma democrático volvió a atormentar los sueños de los que casi siempre ganan.

Y, de repente, llegamos nosotros, que encarnamos esa tradición, que no reivindicamos solamente el siglo XX. Pedro J. escucha mis discursos y piensa: estos están hablando abiertamente de las tradiciones republicanas y democráticas del siglo XIX, del regeneracionismo. «En España, la reserva moral de Europa, esto lo habíamos matado», piensa Pedro J., «esto no existía, esto no formaba parte del poder. Tuvieron cierta presencia hace ocho décadas y protagonizaron la resistencia a la dictadura. Pero en la Transición les dejamos en una posición marginal y, además, comiéndoselo todo con patatas».

Hay que soñar, pero soñamos tomándonos muy en serio nuestros sueños. La Puerta del Sol, otra vez símbolo de futuro, de cambio, de dignidad y de valor. 2 de mayo de 1808: no fueron los reyes ni los generales ni los brillantes regimientos del Palacio Real los que se opusieron a la invasión. Fue el pueblo de Madrid, ese que hoy está en la calle con nosotros, el que compró con sacrificio la dignidad frente a una invasión intolerable. Fueron los de siempre, los de abajo, los humildes, los que se enfrentaron a la vergüenza y la cobardía de unos gobernantes que solo defendían sus privilegios sin importarles nada más. Esa gente valiente y humilde está en nuestro ADN y estamos orgullosos.

Más de cien años después, mirando al balcón que está debajo de ese reloj, hubo gentes que soñaron una España moderna y democrática en la que no hubiera diferencias entre hombres y mujeres. En la que todos los niños tuvieran una escuela pública a la que ir. En la que la oscuridad y la ignorancia fueran sustituidas para siempre por la justicia social y el progreso. Esa gente valiente está en nuestro ADN y estamos orgullosos.

Extracto del discurso de Pablo Iglesias
en la Marcha del Cambio, el 31 de enero de 2015.

En realidad lo que están haciendo es defender su cortijo. Es lo que han hecho siempre. Y, cuando lo hacen, se ve la verdad de la derecha española y del poder. Son demócratas hasta que ganan las elecciones quienes no quieren que las gane. ¿Qué significa el 23F sino un recordatorio? Un «mucho cuidado, que como os paséis de listos y atraveséis determinadas líneas rojas, se acabó la tontería democrática».

En el contexto histórico actual, además, la democracia ya no tiene el prestigio de antes, tal y como está quedando de manifiesto con la involución de algunos países del este de Europa. Solo hay que ir a Hungría o a Polonia a preguntar por la democracia y, de paso, a evaluar el poder que tiene la Unión Europea.

Cuando aparecimos nosotros, los bárbaros, se asustaron porque pensaron que les podíamos quitar el cortijo. Su cortijo. Entonces Felipe González ya les parece estupendo, tanto a la gente de derechas como a *El Mundo*. Y casi que viceversa. Hasta los viejos barones del PSOE, que eran aguerridos enemigos del PP, empiezan a decir que es mejor pactar con el PP que con Podemos.

Los límites de la política

En la guerra sucia contra Podemos han confluido tres ramas del Estado Profundo: la judicial, la policial y la mediática. De dónde vienen y cómo se interrelacionan está más o menos claro: los colegios en los que estudian, los matrimonios, los restaurantes de Madrid donde cierran sus negocios. Hay en todos ellos una serie de características culturales y geográficas que los uniformiza.

Por una parte, Madrid. Madrid es un lugar en el que se da cita gente que ha podido nacer en otras provincias, pero que son altos funcionarios del Estado. En Madrid es donde se juntan las altas magistraturas, donde están los altos cuadros de la Administración. Es donde se radican la mayoría de las sedes de las grandes empresas. Y donde vive —o, al menos, tiene vivienda— buena parte de la gente con más dinero del país.

A partir de ahí se producen una serie de relaciones con los medios de comunicación que funcionan muy bien en la medida en que los medios de comunicación tienen dueño. Yo he visto personalmente al jefe de un banco llamar por teléfono al director de un periódico y al dueño de un medio de comunicación, y decirles delante de mí: «Estoy con Iglesias, me parece un tipo interesante, quiero que comáis con él». Y verme cenando con ellos esa misma noche.

Recuerdo estar tomando un café con esta persona y que me dijera: «¿te gustaría hablar con tal persona?» Cogió el móvil, llamó y le dijo al interlocutor algo como: «tienes que hablar con Pablo Iglesias». ¿Por qué? Porque le apetecía que me conociese, le parecía un tipo interesante y quería que habláramos. Y el otro se puso a la orden. ¿Eso después se tradujo en algo más allá de las palabras? Conmigo, no. Creo que el interés que pude despertar en algunas personas poderosas no pasaba de cierta curiosidad por un personaje que les resultaba extraño y que, en la distancia corta, podía tener una conversación agradable. Pero reconozco que nunca he tenido que rechazar ningún ofrecimiento. A mi nunca me han ofrecido nada; nadie ha intentado comprarme. No puedo presumir de un gesto de integridad ante una oferta irrechazable. Nunca hubo plata. Solo plomo.

Pero yo he visto a algunos de los que mandan de verdad descolgar el teléfono y demostrarme que otros que mandan también mucho, se les tienen que poner firmes. Me alegro de haberlo vivido. No es lo mismo imaginarlo o deducirlo que vivirlo.

Como rememoraba Matilde Fernández en marzo de 2021, a ella la vetaron en la SER cuando Ferreras era el jefe de los informativos e impidieron que explicara su oposición a la recalificación de la Ciudad Deportiva del Real Madrid. Incluso el que fuera alcalde de la ciudad,

Juan Barranco, y hasta Alfonso Guerra se quejaron porque la ponían a parir y no dejaban que se defendiera[2]. Se supone que la SER tendría que haberse cuadrado. Pero ahí estaba el chico de Florentino Pérez, y Florentino Pérez mandaba mil veces más que el PSOE, por mucho PSOE que fuera: eso es el poder.

No son tantos, no son tantos apellidos ni tantos nombres. En este país se produjo una transición en la que, como le sorprendió al propio Adam Przeworski, no se alteró sustancialmente la estructura económica del poder, la propiedad de los grandes apellidos y los grandes nombres vinculados al poder económico en España y que han podido comprar históricamente el poder mediático y el poder político.

Esto mismo ocurre con nosotros, pero en sentido contrario. Entre algunos de los nombres de los dirigentes de Podemos había, y hay, hijos de exiliados latinoamericanos, nietos de perdedores de la guerra civil o hijos de represaliados por el franquismo.

Es bastante evidente de dónde venimos. Todos tenemos apellidos y no nos lo perdonan. Eso explica lo que le han hecho a mi padre, que le ganó los juicios a Hermann Tertsch cuando le acusó de terrorista por haber militado en las JCE(m-l) y haber estado en la cárcel por repartir octavillas. O lo que han intentado hacer con la memoria de mi abuelo. El mismo Tertsch escribió en *Abc* de él que fue un «miliciano criminal» y también perdió cuando mi padre presentó acciones legales. Parece que algo han aprendido porque Cayetana Álvarez de Toledo se atrincheró tras la inmunidad parlamentaria para llamar a mi padre «terrorista». Después, en la presentación de sus memorias, fuera del Congreso, no se atrevió a repetirlo[3]. Es un clásico de la derecha española; jamás han sido valientes si no ven asegurada su impunidad. Su reivindicación simbólica de la virilidad, exacerbada con la llegada de Vox, lo que en realidad expresa es el síntoma de una carencia y una frustración. Se quedan en poca cosa si pierden el poder, por eso lo defienden como hienas. La obsesión de Aznar por los abdominales o la barba de Abascal para disimular la ausencia de mentón, harían las delicias de cualquier aficionado a Lacan, consciente de que ni los batidos de proteínas ni las tablas de gimnasia pueden cambiar lo que uno es.

Lo que se ha revelado desde la irrupción de Podemos, y desde la constatación de que no veníamos a ser una fuerza testimonial de la izquierda, es la conciencia que tienen de que «sus abuelos no ganaron la Guerra Civil para que ahora llegaran los perroflautas de Podemos». Y eso también explica la agresividad y la reivindicación de la docilidad de cierta izquierda frente a nosotros.

Es cierto que cada vez hay menos capital patrio y que esos nombres tan ilustres son cada vez más gestores de fondos extranjeros. Los círculos de poder de hoy ni de lejos tienen el poder de clase que pudieron haber tenido en el pasado, básicamente porque han vendido todas sus industrias. Les puede ir de maravilla en lo personal, pero es verdad que cada vez van quedando menos apellidos que estén en la estructura de propiedad, que sean los dueños.

Pero eso no altera una estructura de poder que tiene diferentes niveles y donde el Estado es crucial. Porque —y esto es clave— el Estado no desaparece. Al contrario: crece. Siempre va a haber jueces, magistrados, militares de alta graduación, mandos de la Policía y la Guardia Civil y altos funcionarios que a su vez se puedan relacionar con grandes empresarios, con los dueños de los medios de comunicación y de algunas empresas españolas que siguen teniendo mucha importancia.

Pero el poder actual es un poder cada vez más dependiente del exterior, lo que precisamente ha acrecentado el miedo con respecto a nosotros porque, en realidad, un Gobierno nuestro habría sido perfectamente viable desde el momento en que nos hubiéramos puesto de acuerdo con los que mandan fuera de España —y eso no era tan difícil como lograr el consentimiento del viejo poder español—.

Y, desde ese poder exterior, nunca llegaron presiones. No les generamos preocupación política. Una vez se llega al Gobierno, si se intenta hacer algo que está fuera de las reglas globales, evidentemente sí pueden destruir y hacer desaparecer a cualquiera. Pero nosotros éramos —somos— perfectamente conscientes de las reglas de funcionamiento de la economía global. Como ha explicado muchas veces Enric Juliana, hace cien años la izquierda quería hacer la revolución socialista. Ahora, la izquierda quiere acabar con la ley mordaza, subir el salario mínimo, defender los derechos de las mujeres, asegurar el ingreso mínimo vital, que predominen los convenios de sector para mejorar la capacidad negociadora de los sindicatos, proteger a las minorías y legislar derechos sociales para gays, lesbianas y transexuales. ¿Ese programa de la izquierda va en contra de los intereses del gran capital? Pues menos de lo que nos gustaría. Si me leen esto saltarán los anticapitalistas a criticarme y a decirme que ellos tenían razón, que somos unos vendidos y que no queremos cambiar las cosas. Si puedes, cámbialo tú con la revolución armada que tiene aterrorizado al gran capital. Pero si tu revolución da menos miedo a los empresarios que subir el SMI, a lo mejor el problema no está en ser reformista o revolucionario, sino en el poder que tenemos para cambiar las cosas. La política no va de las ideas que tenemos, sino del poder que podemos acumular para llevarlas a cabo. Las ideas revolucionarias sin poder revolucionario, no sirven para gran cosa y, si se llegan a convertir en una de las miles de religiones postmodernas, pueden incluso resultar funcionales al poder. El poder quiere a los revolucionarios lejos del Estado, lejos de los medios y en general lejos del poder. Precisamente porque, si están lejos dejan de ser a revolucionarios.

Nuestros principales adversarios, como digo, estaban dentro de las fronteras del Estado español. Los de fuera son perfectamente conscientes de lo que nosotros podemos hacer. Y si nos equivocamos y nos salimos de eso, claro que pueden acabar con nosotros. Hay una serie noruega, *Okkupert,* que cuenta una distopía perfectamente verosímil sobre esto. La sinopsis es sencilla: el cambio climático ha producido una serie de catástrofes naturales en Noruega y se presenta a las elecciones un partido socialdemócrata con un programa ecologista que plantea acabar con la extracción de petróleo y cortar el flujo del gas ruso. La historia se produce en un contexto en el que los países árabes no pueden proveer el petróleo necesario para la Unión Europea y donde Estados Unidos ha dejado de interesarse tanto por la OTAN. Lo que ocurre es que entre los rusos y la Unión Europea le dicen al tipo que su posición es imposible. Un comando secuestra al primer ministro y le dice que tiene que mantener la producción de petróleo y dejar que pase el gas ruso porque forma parte de las necesidades energéticas de la UE. Es lo que hay. Ya puede haber dicho en su programa lo que quiera, que no se lo van a consentir y el país acaba ocupado por los militares rusos.

Eso es el *poder* de verdad, las dinámicas geopolíticas. Pero nuestro programa no hubiera tenido nunca grandes resistencias a nivel internacional. El nuestro era un modesto programa socialdemócrata. La reacción llegó por los de aquí. En realidad esto siempre ha sido así.

El marxismo decía, con razón, que la revolución solamente podía tener éxito a nivel mundial, porque el poder se organiza a nivel mundial y el capital funciona a nivel mundial y, por lo tanto, la revolución en un solo país no contaría con los instrumentos de fuerza suficiente para cambiar las cosas. Esa es la teoría, claro. Luego, en la práctica, los únicos instrumentos administrativos disponibles para cualquiera que quiera hacer algo o cambiar alguna cosa eran, y son, los Estados nacionales. Y cuando uno llega, se encuentra con un Estado que puede tener décadas o siglos de existencia, que tiene sus dinámicas, sus estructuras, sus vicios, sus defectos o sus oportunidades. Los bolcheviques, por ejemplo, se encontraron con el Estado ruso y para desarrollar la agricultura tuvieron que aplicar fórmulas de economía capitalista en el campo, como tuvieron que mantener los rangos en el ejército o apostar por un tipo de organización económica muy alejado de la teoría. La política es contingencia y al final el poder siempre se encuentra con los depositarios de poder, que están en el Estado nacional porque de momento no hay nada parecido a un Estado global.

Podemos teorizar que lo único que tendría sentido para superar el capitalismo como sistema de organización económica es una revolución mundial y apostar por el decrecimiento. Teoricamente, es cierto. Pero claro, si eso se traduce en una concentración de un puñado de personas con muy buenas intenciones y no en un desafío militar global que nadie desea, todos sabemos que políticamente no llegará muy lejos. Esta es, básicamente, la premisa del pesimismo de la inteligencia y el optimismo de la voluntad.

El *Deep State* fuera de control

Esa distancia entre la teoría y la práctica siempre es abismal. Uno puede tener previsto cruzarse con un grupo de neonazis y que le den una paliza. Pero la cara que se le queda después de que le hayan dado la paliza de verdad, no hay libro de historia que prepare a uno para asumirlo. A nosotros nos ocurrió lo mismo.

En términos teóricos sabíamos que la ofensiva iba a ser brutal. Incluso que podría haber sido peor. Que nos mataran, que nos eliminaran. Es algo que ha ocurrido muchas veces en la historia. Y ahora que hemos visto que Villarejo va presumiendo por ahí de que había comandos destinados a hacer desaparecer a algunas personas, y que eso coincide con la desaparición física de un montón de gente del PP de la Gürtel, pues a lo mejor tenemos que dar gracias de que no nos hayan pegado un tiro y lo hayan presentado después a los medios de comunicación como un ajuste de cuentas entre clanes mafiosos o una *vendetta* de iraníes o venezolanos.

Porque, insisto, una cosa es teorizarlo, e incluso escribir una novela sobre ello, y otra muy diferente vivirlo en carne propia. Es muy diferente. La reacción contra Podemos no nos sorprendió, pero sí nos obligó a manejarlo y a vivir con ello. No fue nada sencillo. Uno puede teorizar sobre lo que significa que le partan la cara, pero no hay universidad que le prepare para ello. Eso lo da solo la experiencia de recibir el puñetazo.

Uno de los temas que me tienen más intrigado tras mi paso por el Gobierno es la poca influencia que tiene el PSOE sobre el aparato del Estado, sobre eso que se llama el *Estado Profundo*. Ellos intentaron poner a la gente más cercana posible a esos aparatos. El caso de Marlaska es evidente: fue uno de los jueces que investigaron el caso Faisán, el supuesto chivatazo policial al entramado de extorsión de ETA, y fue vocal del CGPJ a propuesta del PP. ¿Cómo no va a controlar él a la policía? ¿Cómo no van a respetarlo? Pues no solamente no lo respetan, sino que le hostigan. Lo que le hacen a Marlaska no tiene nombre.

Sánchez puso en Defensa a Margarita Robles, la ministra favorita de la derecha. En enero de 2021 dimitió el jemad por ponerse la vacuna antes de tiempo, pero luego lo premiaron con un puesto en Estados Unidos[4]. Una decisión muy de izquierdas, muy democrática. Una maravilla que, encima, no sirve para nada, porque ellos mismos pueden ser víctimas de esos aparatos y del amplio rechazo que produce el gobierno —no solo UP— en la cúpula militar.

A mí me sorprende esa actitud. Es lógico que un amplio porcentaje de los generales no simpaticen con la izquierda, por eso creo que es crucial colocar ahí a gente con experiencia política, con voluntad de poder y con autoridad. No es fácil cuando tienes a una parte del aparato judicial en contra, cuando buena parte de tus propios jueces están más preocupados de preparar su futuro pactando con los jueces vinculados a otro partido que de los objetivos políticos que les deberían guiar. Pero yo creo que el PSOE podría hacer mucho más. Tener unos aparatos del Estado tan hostiles, no solamente a nosotros, sino también a ellos, es algo de lo que terminarán arrepintiéndose.

Hay ejemplos todos los días de los ataques que recibe el Gobierno del Estado Profundo. Lo de Manuel Marchena con Alberto Rodríguez es un desafío, una burla. Es decir: nosotros somos el Tribunal Supremo y vamos a condenar a un tipo por haber dado , supuestamente, una patada a un policía a pesar de que esto no se lo crea nadie. Y, además, después de eso, vamos a humillar a tu tercera autoridad del Estado, a Meritxell Batet, para que se arrodille ante nosotros.

La clave para entenderlo es ver si Podemos se queda solo en la crítica. Cuando Podemos se queda solo en la crítica, aunque tuviéramos razón, significa que el relato de los otros está más o menos bien armado. Pero algo pasa si, de repente, salen juristas de debajo de las piedras preguntándose qué clase de barbaridad es esa, cuando el periódico del grupo Prisa hace un editorial criticando al Supremo por lo que le hicieron a Alberto.

El PSOE ha perdido el respeto de buena parte del Estado Profundo. De hecho, ni siquiera les respetan ciertos poderes del Estado que son capaces de hacer cualquier cosa, lo que sea necesario, en contra de nosotros y del Gobierno de coalición. Y pese a todo, llegamos. Pese a la reacción y pese a la cacería que desataron. Pese al cada vez más angosto sistema mediático. Es increíble que lo lográramos. Increíble. Para mí, esto lo explica algo que nadie reconocerá: la alta capacidad de resistencia política de Podemos.

España sigue siendo un sistema formalmente liberal, lo cual hace que no te puedan perseguir sin saltarse, mucho, sus propias leyes. Además, hay ciertos elementos de cultura democrática que se han instalado en amplios sectores de la sociedad, aunque también en esto se ha producido un reflujo. Pero nuestro éxito tiene que ver, en última instancia, con que tenemos razón en buena parte de las cosas que planteamos. Y tener razón no es una cosa menor, incluso con los relatos en contra.

Muchas veces tener razón no vale para nada. Pero es mucho más fácil convencer a la gente de un relato que se ajusta a la realidad que de otro que no. Los medios pueden convencer a millones de personas de que llueve cuando no está lloviendo, pero es mucho más fácil convencer a alguien de que, efectivamente, luce el sol que de la mentira.

Pondré un ejemplo: no exagero ni presumo si digo que todos los debates electorales los ganamos. Lo reconocieron hasta las encuestas de medios hostiles a Podemos. Si la pelea es en términos justos —cuatro o cinco candidatos debatiendo en condiciones de igualdad—, los mejores argumentos, los que mejor funcionan, son los que se ajustan a la experiencia de la gente. Luego llega la escaleta del telediario o la tertulia y se le puede dar la vuelta a todo, pero, hasta que llega ese momento, se juega con otras posibilidades.

Aun así, creo que lo que hemos conseguido es heroico y que no es sostenible en el tiempo si no se ajusta la correlación de fuerzas mediáticas. O se hace o acabarán con nosotros. Podemos ganar algún partido de Copa, pero una liga regular es muy difícil.

El escorpión

En todos los países funciona así. ¿Por qué existe Éric Zemmour? Para responder a esa pregunta hay que saber que existe el grupo de comunicación Vivendi, que tiene una televisión estilo Fox News y que fue lo que permitió que este personaje existiera políticamente[5]. Esa es la clave del poder. Una de las razones por las que me ha gustado tanto *El hijo del Chófer*, el libro Jordi Amat, no es por el personaje de Alfons Quintà, que no me parece tan interesante, sino porque el libro entiende muy bien lo que significa el poder mediático, lo que representa TV3 para Catalunya. De la misma manera, lo que representa *El País* para entender el proceso de transición política y la estructura del poder mediático en España es más determinante que lo que ocurre en los partidos políticos.

Esto es algo que creo que nosotros hemos puesto en la discusión pública, aunque ha generado muchísima hostilidad. Decir que los medios no son neutrales, que los periodistas pueden ser buena gente pero que sus propias condiciones de trabajo no les permiten ser siempre honestos, no gusta. ¿Se puede ser honesto trabajando en *El Mundo*? Durante mucho tiempo se dijo que sí. Sin embargo, montan asociaciones para darse un premios entre ellos. Pero, después de lo que hemos visto durante estos años en este país, es muy complicado sostenerlo. Y creo que cada vez hay más gente que se da cuenta de que el panorama mediático es importante y lo dice.

Prácticamente ningún periodista de los que nos han seguido se ha podido salir de la línea de su periódico a la hora de tratarnos. Los únicos que, de vez en cuando, se podían permitir marcarse algún artículo de opinión o una reflexión en una clave diferente a la habitual eran los que tenían un estatus diferente. Y tampoco les salía gratis.

Con nosotros las líneas fueron claras. Por la derecha, casi desde el principio. Y, por la izquierda, nos hicieron lo que se había hecho históricamente: entrar en la interna. Ahí, nosotros fuimos muy torpes. Creo que ese ambiente de gente joven de Podemos saliendo por la noche con los periodistas favoreció que la interna de Podemos fuera lo que fue. El libro de Pedro Vallín —*C3PO en la corte del rey Felipe*— expresa con mucho detalle lo peor de aquellos momentos y la dinámica de envidias, de celos y de guerras internas. Eso nos hizo polvo. Inauguramos un nuevo paradigma en el que las luchas internas se dirimen en los medios. Una idea brillante si la mayor parte de ellos son hostiles a tu partido.

Claro que quisimos apaciguarlo dentro de Podemos. Claro que intentamos parar lo que estaba ocurriendo. Desde el principio. Recuerdo una reunión en el Círculo de Bellas Artes poco antes de la Marcha del Cambio, en enero de 2015, en la que estábamos Juan Carlos Monedero,

Carolina Bescansa, Luis Alegre, Íñigo Errejón y yo. Y entonces Carolina nos contó que el mensaje que le habían dado los compañeros de Venezuela era: «no os peleéis, no os peleéis, porque si os peleáis, es el fin de todo». Y allí nos conjuramos bajo una premisa simple: mejor equivocarnos juntos que acertar por separado. En términos teóricos, lo teníamos claro. Sin embargo, la naturaleza humana está por encima de eso. Es como en la famosa fábula del escorpión. Y el escorpión, finalmente, no pudo evitarlo.

No hace falta que dé mi versión. Además, todos somos nuestro mejor abogado defensor. Creo que es mejor que la gente juzgue los hechos; como siempre, a cada personaje le definen sus enemigos y sus alianzas. Puede que haya quien intente justificar sus alianzas mediáticas y editoriales poco edificantes como habilidad táctica o como capacidad de seducción, pero, a estas alturas, no sé si muchos comprarán ese argumento. Si Ferreras y Planeta te han terminado cuidando y publicando creo que es difícil vender ciertos relatos.

En las conversaciones que tuve con Yolanda poco después de irme, le dije que, mucho más importante que sacar o no sacar la reforma laboral en los términos que queríamos, era construir un núcleo de confianza en el espacio de Unidas Podemos. No tienen todos por qué estar de acuerdo con todo, puede haber grandes discrepancias, pero la lealtad es la base de la confianza más allá de ellas. Unidas Podemos ya demostró ser un espacio demasiado vulnerable a la falta de lealtad. Es verdad que ahora, en el universo de Unidas Podemos, hay una dinámica más profesional, no tan intensa como en los orígenes de Podemos. Y estamos, por suerte, muy lejos de esa fase —tan del gusto de los psicoanalistas— en la que todo se podía analizar como en una terapia. Pero la lealtad es un elemento crucial para hacer política desde la izquierda.

Es lo que ha sabido construir Irene Montero. Ha demostrado que tiene muchas virtudes y muchas capacidades políticas, pero lo que marca la diferencia es su manera insobornable de entender la lealtad. Su gente es su gente. Esté de acuerdo con ellos o no. Irene está en desacuerdo muchas veces con Rafa Mayoral, pero son compañeros que tienen claro que antes se equivocarán juntos que acertarán por separado. Irene logró armar un equipo de trabajo en Podemos donde la lealtad está por encima de cualquier cosa. Al final eso es lo que te permite sobrevivir y avanzar, independientemente de quién sea la persona que tenga que poner la cara en público. Enrique Santiago forma parte de esa misma escuela y, muchas veces fuera de los focos, consigue que las cosas buenas ocurran. Y Ione ha sabido armar la mejor dirección que ha tenido nunca Podemos precisamente sobre esa clave que establece que, por encima de cualquier individuo, de cualquier proyecto personal, debe estar lo colectivo.

Mucha gente se sorprendió de que Irene no se presentara a la Secretaría General. No tenía ningún sentido en aquel momento. Le habían hecho un traje que lo hacía imposible. Pero podría haberlo sido 18 meses antes. De hecho, podría haber sido vicepresidenta un año y medio antes, en el verano de 2019 durante la negociación fallida del Gobierno de coalición, seis meses antes de serlo yo.

España necesita ya un Gobierno de coalición de izquierdas(...). El PSOE dice que el único escollo que evita ese Gobierno soy yo. No voy a ser la excusa para que el PSOE evite ese Gobierno de coalición. Mi presencia no va a ser el problema siempre y cuando el PSOE asuma que no puede haber más vetos y que la presencia de Unidas Podemos tiene que ser proporcional a los votos (...). He trasladado esto a Pedro Sánchez y he pedido a Pablo Echenique que traslade al PSOE nuestra voluntad de negociar ya un Gobierno de coalición de izquierdas, un acuerdo integral de programas y equipos.

Intervención de Pablo Iglesias el 19 de julio de 2019.

Con estas palabras me quité de enmedio. Si ella hubiera querido, se habría resuelto rápido. El PSOE le ofreció ser la vicepresidenta del Gobierno. Pero Pedro Sánchez no quiso ceder en el verano de 2019 ni Trabajo ni Transición Energética, y nosotros reclamábamos al menos una de ellas. Además, las tres carteras que pusieron sobre la mesa estaban vaciadas o limitadas en su contenido: un Ministerio de Vivienda y Economía Social que, básicamente, era la secretaría general de Vivienda sin todo el soporte estructural y económico que tiene Fomento, Igualdad y Sanidad y Consumo, circunscritos ambos estrictamente a esas competencias.

El acuerdo que ofrecía Sánchez consistía en elevar tres secretarías generales a la categoría de ministerios, pero manteniendo la estructura previa. Eso sí, con una guinda que podía resultar muy suculenta: una Vicepresidencia de Asuntos Sociales e Igualdad. Y no conozco muchas personas que pudiendo tomar la decisión de ser vicepresidenta del Gobierno de España digan, «no, porque más allá de que yo sea vicepresidenta, lo que nos están ofreciendo es un insulto». Esa es Irene Montero. Pudo ser vicepresidenta de España y líder de UP con 31 años y renunció para defender el interés colectivo a pesar de que yo le sugerí que aceptara. Nadie es lo que dice de sí mismo. Somos hechos y somos nuestros enemigos. Comprueben los hechos y vean quien ataca a Irene. Pocos como ella podrían sentir tanto orgullo.

La decisión fue plenamente suya. En el momento en el que di el paso atrás, después de que el PSOE planteara que yo era el problema y «el principal escollo» para un acuerdo de coalición con Unidas Podemos, perdí la legitimidad para seguir dirigiendo el proceso. Es una situación como la actual. Cuando uno decide irse, se va. Puede opinar sobre lo que sucede, quizá. Pero ya no manda. Y en aquellos días de julio, la persona que sostuvo que sacarme a mí de la ecuación debía tener un precio que habría de pagar el PSOE, fue Irene. Y ese precio no era otro que obtener unas competencias serias para los ministerios que nos correspondieran en la negociación por nuestro resultado electoral.

Ella era la persona al mando y, en ese momento, los medios intentaron construir lo de siempre: Irene bien, Pablo mal. Algunos periodistas cercanos como el propio Vallín hacía tiempo que habían comprado ese relato. Pero Irene no se dejó querer. Habrá quien le reste mérito a su decisión porque somos pareja, pero es el comportamiento que ha tenido siempre con toda la gente con la que considera que opera la lealtad política. Y como no se dejó querer por los medios que decían «Irene bien, Pablo mal», la reventaron también. Así funciona.

Desde el verano de 2020 era evidente que la mejor persona para liderar el conjunto del espacio era Yolanda y que la mejor para liderar Podemos, Ione. Eso, además, iba a sorprender al adversario. No pensaban que nuestros códigos de lealtad funcionarían de manera tan clara por encima de los personalismos. Habían construido el relato de que en Podemos había un problema de egos, empezando por mí, y les demostramos lo que casi ningún partido de izquierdas ha demostrado nunca antes en España.

Lo correcto

La presión mediática, policial y judicial también ha fluctuado en función de los momentos políticos, lo cual evidencia más aún que no estaba basada en hechos reales, sino que era un mecanismo para atacarnos en función de las necesidades de nuestros enemigos.

La moción de censura que presentamos en 2017 supuso que Podemos ganara protagonismo como la verdadera oposición frente al PP. Fue el momento en el que Irene despuntó como portavoz parlamentaria, con un discurso de defensa de la moción que permitió que, por primera vez en mucho tiempo, se dijeran determinadas cosas en sede parlamentaria, con nombres y apellidos. Eso nos impulsó, pero cuando el PSOE registró la suya en mayo de 2018, después de la sentencia de la Gürtel, tomé la decisión menos cómoda, pero fue la correcta.

Pedro Sánchez presentó la moción de censura sin creer que fuera a lograr los apoyos necesarios para ser designado presidente del Gobierno. En aquellos momentos Unidas Podemos estaba otra vez en algunas encuestas por delante del PSOE y, en general, el margen entre los cuatro grandes partidos se había vuelto a estrechar casi hasta el límite de los márgenes de error. El CIS de aquel mes de mayo nos ponía a todos en apenas cuatro puntos de diferencia. El PP se desinflaba por la corrupción, nosotros le habíamos dado la vuelta al «efecto Sánchez»[6] y Ciudadanos también estaba altísimo en las encuestas.

Sabía que si me desinteresaba por la moción de Sánchez y simplemente anunciábamos el voto a favor, no iba a salir. Sabía, también, que teníamos otra vez al alcance de la mano el sorpaso y consolidarnos como principal oposición al PP. Pero, para entonces, ya tenía claro que si hacíamos eso, no gobernaríamos jamás. La única posibilidad de que tocáramos poder y empezáramos a cambiar cosas era hacerlo con el PSOE, asumiendo que ellos tenían que llevar el liderazgo.

Era una apuesta muy poco cómoda en la medida en que nos iban a tratar peor. Todo iba a ser mucho más difícil; sobre todo, convencer o imponerse al PSOE —que es lo que finalmente ocurrió— y, si al final gobernábamos, entendernos con ellos. Pero eso era lo que realmente podía cambiar la historia de España. Porque, paradójicamente, si se producía el sorpaso, nosotros podíamos gozar de una comodidad parlamentaria que durase muchos años, pero sin alcanzar el poder. Y, sin poder, no íbamos a acceder a los resortes para cambiar nada.

Por el contrario, podía salir reforzado el bloque conservador y que pudieran gobernar durante décadas. Si nosotros nos consolidábamos como principal fuerza de oposición al PP, la consecuencia sería que el PP se acercara a la mayoría absoluta porque se comiera el centro con Ciudadanos, y que de ese sistema quedáramos fuera nosotros, los independentistas y se viviera una involución democrática en España, aunque Podemos fuera la gran fuerza de la izquierda. ¿Otra vez la historia del PCI? Yo no quería eso.

Preferí apostar por lo otro. Además, se me ha visto todo el rato el esquema estratégico: esto lo tenemos que hacer el PSOE y nosotros, pero tejiendo una alianza en términos de dirección de Estado con Esquerra y con Bildu.

Esa apuesta resulta evidente con las llamadas y movimientos que hice para que prosperara la moción. Hablé con Marta Pascal, que por entonces era coordinadora general del PDeCAT y que me demostró ser una dirigente brillante. Después lo hablamos con Puigdemont, y lo convencimos, más o menos. A Albert Rivera le recordé que no necesitaba sus votos para presentarla, pero le dije que, si fracasaba la opción del PSOE, estaba dispuesto a que registráramos juntos una moción de censura instrumental con el objetivo de convocar elecciones. Así se lo solté luego a los periodistas en los pasillos del Congreso e inmediatamente saltaron los teletipos. Yo sabía que eso iba a acojonar al PNV. Y, efectivamente, acojonó al PNV, que finalmente apoyó a Pedro Sánchez para ser presidente del Gobierno el 1 de junio de 2018. Ocho días antes, los vascos habían sumado sus votos al PP de Mariano Rajoy para sacar los Presupuestos Generales de ese año. Ortuzar dice cada vez que tiene ocasión que soy un liante y que no le gusto. Es normal; le gané jugando al mus y con eso los vascos son muy suyos.

Hicimos un trabajo muy bueno. Rivera no calculó lo del PNV y estaba convencido de que la moción de Pedro Sánchez, que él nunca iba a apoyar, decaería. Luego ambos presentaríamos la conjunta. Lo veía claro. Su tesis era que si había elecciones en ese momento, nos lo íbamos a jugar mano a mano, que sería algo entre él y yo.

Yo podría haber trabajado para eso. Podría haber trabajado para que las elecciones en España fueran un Rivera-Iglesias. Pero hubiera gobernado el PP con Rivera. O Rivera con el PP. La jugada inteligente era la otra, aunque sabía que estaba regalando a Pedro Sánchez ser el presidente del Gobierno a cambio de nada. De nada. Y precisamente porque le regalamos eso, una vez consolidado como presidente, ya estaba claro cuál era la correlación de fuerzas con Podemos.

Pero creo que hicimos lo correcto. Si no hubiéramos hecho eso ahora no existiría Yolanda Díaz como líder con grandes expectativas electorales. Hemos ganado un poco más de tiempo en un contexto de correlación mediática desfavorable. No es poco. De hecho, para ocho años de vida política no parece fácil conseguir tantas cosas. No era fácil.

Me decía Carmen Calvo hace unos meses en la radio que Rivera y yo nos habíamos tenido que ir de forma prematura de la primera línea política. Puede que tenga razón, pero hay una diferencia notable entre los dos: él se tuvo que ir después de un desastre electoral que ha dejado a su partido al borde de la extinción. Yo aseguré la permanencia de mi partido en la Asamblea de Madrid mejorando el resultado del que partíamos, hice un relevo en un momento ideal para consolidar una candidata a nivel estatal y abrí una transición interna que Ione ha dirigido con éxito y gran inteligencia. Tenemos a la mejor candidata posible y en Podemos manda un equipo de mujeres con una capacidad extraordinaria. No querría estar en la piel de quien subestime al equipo de Ione.

Pues no, esto no es lo mismo que lo de Rivera.

TERCERA PARTE

Dina

¿Cómo llegó un duplicado de la tarjeta de memoria del móvil de una colaboradora de Pablo Iglesias al ordenador personal del excomisario José Manuel Villarejo? ¿Cuál fue la vía para que parte del contenido apareciera publicado en diferentes medios de comunicación? ¿A través de quién se usaron, sin autorización judicial, datos de un dispositivo privado para confeccionar un falso informe policial destinado a desacreditar a un dirigente político? ¿Cómo se convierte a la víctima en sospechosa? ¿Para qué se guardó Pablo Iglesias la tarjeta original durante unos meses? ¿Puede un juez desatender las órdenes de los órganos jurisdiccionales?

El caso Dina es, sin duda, el ejemplo perfecto de la operación puesta en marcha contra Podemos. No falta un solo ingrediente. Un guionista vago, o listo, podría escribir varias temporadas de una serie sin necesidad de inventar mucho, aunque si no fuese real algunos pasajes de lo ocurrido desde que le robaron el móvil a Dina Bosselham a finales de 2015 hasta hoy, serían tildados de exagerados e inverosímiles por la crítica.

«Van a por ti», cuenta Pablo Iglesias que le advirtió Pedro Sánchez, con conocimiento de causa, durante una

reunión en el Palacio de la Moncloa cuando ya eran presidente y vicepresidente del Gobierno, respectivamente. Y así se lo tomó él, que vio claro lo que le iba a ocurrir: «"Quédate en Vallecas, hijo de puta, que los chalets no son para gente como tú. Si no, iremos a por ti con todo". Y vinieron».

El caso Dina, convertido circunstancialmente en el «caso Pablo Iglesias» hasta que la Audiencia Nacional y el Tribunal Supremo pusieron cierto orden, atravesó el último tramo de su carrera política. Marcó de forma evidente las dos campañas de 2019, en las que también se cruzaron la irrupción de Más Madrid, primero, y el salto estatal de Íñigo Errejón en solitario, después. Tras el acuerdo de coalición entre Unidas Podemos y el PSOE se convirtió en uno de los principales quebraderos de cabeza de Iglesias durante los meses que estuvo en el Consejo de Ministros.

Tanto, que salió convencido de que lo que le hicieron a él no tendrían reparos en hacérselo a otros. Y a otras. También a Yolanda Díaz. O al que fuera secretario de Organización del PSOE, José Luis Ábalos, a quien la derecha mediática ha matado socialmente cuando ya estaba de salida.

Para quienes lo han sufrido, el caso Dina es un ejemplo de lawfare *de libro. El uso político de una falsa causa judicial para intentar destruir al rival por todos los medios, como también ha ocurrido en los procesos contra Isa Serra y Alberto Rodríguez.*

Otro peldaño en el proceso de latinoamericanización de la política, cuyo epicentro sitúa Iglesias en la Real Casa de Correos de la Puerta del Sol de Madrid.

A.R.

Pieza #10

El caso que mejor explica cómo ha funcionado y cómo funciona la tríada de policías, medios y jueces que desde 2014 han operado contra Podemos no afectaba, en origen, a ninguno de los principales dirigentes del partido. De hecho, comenzó con lo que en un primer momento pareció un delito banal: el simple robo de un teléfono móvil en un centro comercial. Pero de banal no tenía nada. Copias de la tarjeta de ese móvil aparecieron en diferentes registros policiales, parte de su contenido fue publicado en diversos medios de comunicación y un juez intentó convertir la investigación sobre la sustracción del dispositivo y su periplo por redacciones y despachos oficiales en una pieza judicial contra mí, incluso contra el criterio de sus propios compañeros de la Audiencia Nacional y del Tribunal Supremo.

Los hechos son muy claros: a Dina Bousselham le robaron su teléfono móvil mientras compraba en un Ikea del sur de Madrid en noviembre de 2015. Ese día estaba con su compañero, al que también sustrajeron algunas pertenencias. El equipo humano que trabajó conmigo durante más de un año en Bruselas estaba de regreso en España, tras haber dado por finalizada mi etapa como eurodiputado para afrontar las elecciones generales de diciembre de ese año. Dina formaba parte de ese grupo y se preparaba para reinstalarse en Madrid.

Dos años después, una copia del contenido del dispositivo apareció durante un registro entre los 40 terabytes de información que atesoraba el excomisario de la Policía Nacional José Manuel Villarejo. Nacía la pieza número 10 derivada de la operación Tándem.

40 000 gigas de grabaciones, fotos, vídeos y otros datos que Villarejo tenía cuidadosamente guardados, catalogados y encriptados en un ordenador en su casa, y cuyo descubrimiento y análisis parcial ha removido los cimientos del sistema político, económico y mediático de España. Entre esa ingente cantidad de información estaba, en dos carpetas, la que salió del móvil de Dina. Básicamente, cosas personales suyas y, por su paso por el Parlamento Europeo como parte de mi equipo, algunos documentos de trabajo de muy poca importancia.

La Audiencia Nacional desarrolla desde 2017 una treintena de investigaciones en paralelo derivadas todas ellas del análisis de una parte de la ingente información que acaparaba el comisario jubilado. El juez al mando de todo el operativo es Manuel García-Castellón. La pieza número 10 intentaba, en origen, averiguar cómo una copia del móvil de Dina acabó en el ordenador de Villarejo, por qué otro duplicado fue hallado por la Policía en las oficinas del tabloide de Eduardo Inda, y cómo parte de su contenido terminó publicado en diversos medios de comunicación. O eso pareció al principio de la instrucción.

¿Cuál es mi hipótesis sobre lo que ocurrió? La conclusión a la que he llegado es que el robo del móvil de Dina fue obra de profesionales del espionaje. No es casual que el dispositivo, o una copia del mismo, terminara en manos de Villarejo. Ese tipo de robos se producen por encargo, y este en concreto huele a la autodenominada «Policía Patriótica» que puso en marcha el Ministerio del Interior del Gobierno de Mariano Rajoy en 2012[1]. Aunque al principio no fue lo que pensamos, hoy ya no me imagino a delincuentes comunes haciendo una cosa así. Tampoco se lo plantea la Fiscalía Anticorrupción, que parece haber llegado a la misma conclusión que yo. Ellos apuntan directamente a que fue la «organización criminal de Villarejo» la que entregó las copias de la tarjeta a los medios[2], y no al revés como han intentado hacer creer al juez.

El teléfono de Dina desapareció cuando la policía política de Jorge Fernández Díaz operaba a pleno rendimiento tanto contra los dirigentes independentistas como contra nosotros. De la oficina del por entonces «número dos» de la Policía Nacional, Eugenio Pino, salió el llamado *Informe PISA*, camino de la UDEF, donde fue blanqueado y, posteriormente, utilizado para surtir a sus medios de comunicación afines de titulares sobre una inexistente financiación ilegal del partido. En 2015, la Dirección Adjunta Operativa de la Policía Nacional que dirigía Pino ocultaba bajo su estructura a esa brigada política. Y Villarejo era uno de sus integrantes. ¿Qué es lo que estaban buscando con el robo del móvil? Parece evidente que trataban de recabar pruebas o indicios de algún delito grave por mi parte. Dina había sido desde el verano de 2014 la coordinadora de mi equipo en Bruselas y debieron pensar que, si existían documentos o datos que pudieran avalar una operación contra mí, ella podía tenerlos.

Pero cuando entraron en el móvil vieron que no había ningún tipo de material que se pudiera utilizar para acusarnos de nada. Lo que sí descubrieron fueron otros contenidos almacenados, y entonces se plantearon cuál podría ser la mejor forma de utilizarlos contra sus objetivos, que no eran otros que Podemos y yo, en tanto que secretario general.

En la memoria del teléfono había fotos íntimas de Dina. Y durante los meses anteriores algún digital había difundido el bulo de que Dina y yo estábamos liados. Su deducción resulta evidente: pensaron que el material era carne de *Interviú*. Y se fueron con las fotografías íntimas de Dina a ver si a *Interviú* le apetecía ir por la vía del escándalo sexual.

Así es como la información llega al jefe del Grupo Zeta, Antonio Asensio, quien a mi juicio se portó muy bien en todo el proceso. Él pensó que, efectivamente, Dina era mi novia, me contactó, fui a su despacho y me dijo que le habían hecho llegar una memoria de móvil en la que había fotos íntimas de mi pareja. Esto fue el 20 de enero de 2016. Allí me dejó un ordenador para que consultara el contenido de la tarjeta. Y lo que veo es que no se trata de mi compañera. No son fotos personales de Irene, sino de Dina.

Asensio me aseguró que esa era la única copia del contenido que existía y que ningún medio vinculado con él iba a sacar eso jamás. Y yo creo que me dijo la verdad.

La información contenida en el móvil de Dina comenzó a ver la luz pública en marzo de ese mismo año, cuando *El Confidencial* publicó algunos informes de estrategia de Podemos y que en un primer momento relacionamos con una filtración interna porque esos informes los tenía mucha gente. También *El Mundo* publicó información que podía provenir del teléfono robado.

Pero es unos meses después, en julio de 2016, cuando *Okdiario* empieza a publicar la tercera franja de contenidos que había en el móvil. En esa tercera franja de contenidos se incluye un vídeo, en el que se ve a Pablo Echenique cantando una jota durante una comida con compañeros del partido, y un mensaje mío en un grupo privado de Telegram diciendo una estupidez sobre Mariló Montero por la que me disculpé en su día.

En resumen: a mi entender, el robo fue un encargo cuyo objetivo era comprobar si en ese teléfono móvil había algo con lo que pudieran acusarme de algún delito. De eso no había nada, pero sí había unas fotos íntimas con las cuales pensaron que se podía construir un escándalo sexual, pero no pertenecían a una pareja mía. ¿Qué les quedaba? Un vídeo de Echenique en el que canta en una jota «chúpame la minga, Dominga» y un comentario machista mío sobre una presentadora de televisión. Esto es, básicamente, el Watergate de Podemos: «chúpame la minga, Dominga» y los azotes a Mariló Montero. Desde luego, nuestro nivel humorístico quedó a la altura de Arévalo y Bertín Osborne, eso es indudable, pero aquello era poca cosa tanto para la policía patriótica como para nuestros enemigos.

A partir de estos hechos, lo que había que investigar era bastante evidente.

La tarjeta

Sobre la tarjeta y lo que ocurrió con ella desde que me la dio Asensio se ha escrito e investigado más que sobre cómo llegó su contenido a aparecer publicado en diferentes medios de comunicación. Tampoco se ha investigado mucho el cómo se hizo con una réplica el que fuera uno de los integrantes de una unidad parapolicial creada bajo un gobierno del PP para investigar a rivales políticos e inventarse pruebas contra ellos. Poco se ha investigado también sobre cómo algunas informaciones de la tarjeta aparecieron en la primera versión de un informe policial apócrifo contra un dirigente político fabricado por la «brigada patriótica».

Yo conservé la tarjeta del móvil de Dina durante un tiempo, tal y como declaré ante el juez desde el principio. Después, cuando empecé a comprobar que lo que yo había visto en la tarjeta se estaba publicando en algunos medios, le expliqué a Dina lo que estaba pasando. Tal y como le dije, me hubiera gustado haberle ahorrado la angustia de saber que el contenido de su teléfono había podido estar en manos de los periodistas de *Interviú*, pero ya era evidente que no era cierto que la única copia de la tarjeta era la que a mí me entregaron. Inda y unos cuantos indeseables más tenían copias.

¿Por qué conservé la tarjeta durante un tiempo? Es el clavo ardiendo al que se ha agarrado la derecha mediática —y hay quien dice que también el juez— para mantener viva el mayor tiempo posible en los medios una acusación que nació muerta. De hecho, hasta este 2022 García-Castellón no se ha dado por vencido, interpelando a la propia empresa que fabricó el dispositivo para que confirmara una hipótesis que no podría demostrar, como así reflejó la Policía Nacional en un informe en el que sostenía que no se podía atribuir ninguna responsabilidad sobre la destrucción de la tarjeta[3].

Siempre creí lo que me dijo Asensio; sigo pensando que no me mintió y que me dijo lo que él pensaba que era la verdad: que solo había una copia y que, por tanto, el contenido nunca saldría publicado. Decidí ahorrarle a Dina la angustia. ¿Actué de forma paternalista? Sin duda.

Desde el momento en el que Inda empezó a publicar contenidos del teléfono robado, se hizo evidente, tal y como advertí a Dina, que, si tenían los pantallazos que publicaban, podían tenerlo todo, incluidas sus fotos. ¿Cuántas copias puede haber de esa tarjeta? No lo sabemos, cualquier día podrían salir a la luz. Ni siquiera tendrían por qué salir publicadas en un medio convencional o que aparente serlo, esas imágenes podrían, simplemente, aparecer en redes sociales. No hay derecho a que una persona tenga que vivir sabiendo que fotos suyas en tetas pueden estar en manos de gentuza sin escrúpulos.

El proceso

El 27 de marzo de 2019, a un mes de las elecciones generales, García-Castellón nos llamó a declarar a los dos. Aquella primera declaración fue como esperábamos, sin sorpresas.

Es muy importante señalar que el juez nos consideró víctimas en un primer momento y nos ofreció personarnos como perjudicados en el caso. En los audios de aquella declaración, que han sido publicados por algunos medios, se escucha perfectamente al instructor decirme: «Aquí estamos investigando implicaciones muy serias del Ministerio del Interior». Yo le había explicado antes que el contenido del teléfono de Dina había visto la luz en momentos políticos muy concretos de 2016: el primer ofrecimiento de un Gobierno de coalición al PSOE; la precampaña de la repetición electoral, en la que según las encuestas estábamos en empate técnico con el PP, y la posterior segunda ronda de negociaciones, donde también habíamos planteado un acuerdo a Pedro Sánchez.

En ese momento, para él, éramos perjudicados. Lo llamativo del asunto es cómo un tiempo después, con los mismos elementos, exactamente lo mismos, el juez da la vuelta a la instrucción.

Insisto en que tengo que ser prudente, pero todo el mundo sabe quién es García-Castellón. Ahí está, por ejemplo, la conversación grabada entre Eduardo Zaplana e Ignacio González en noviembre de 2016. El que fuera número dos de Esperanza Aguirre estaba siendo investigado en diferentes causas por el Juzgado de Instrucción 6 de la Audiencia Nacional. El titular de ese juzgado es Manuel García-Castellón, por entonces juez de enlace en Roma, una plaza muy cotizada, con poco trabajo y muy bien remunerada.

Su puesto lo ocuparon otros jueces de forma provisional en sus diecisiete años de ausencia. Ahí estuvo Eloy Velasco investigando algunas de las muchas tramas corruptas del PP de Madrid, que se dirigían directamente contra Ignacio González: Lezo, Púnica, lo del Canal de Isabel II... En una conversación interceptada por la investigación, González le dijo a Zaplana: «Vamos a ver, Eduardo: tenemos el Gobierno, el Ministerio de Justicia no sé qué y tal. Y, escucha, tenemos a un juez que está provisional... Tú lo asciendes... Yo le digo: "a ver, venga usted *pa acá.* ¿Cuál es la plaza que le toca? Onteniente; ¡a tomar por culo a Onteniente! Y aquí que venga el titular, que ya me las apañaré con el titular, coño».

Ignacio González le cuenta a Zaplana que el titular del juzgado, García-Castellón, «vive como dios» y que «el tío no quiere saber nada, claro. A mí me vas a meter en líos. Y una mierda, y está encantado». González cree que la solución a sus importantes problemas judiciales es obvia: «Yo le llamo a este y le digo: "oye, ven aquí, el titular aquí..." Y a este... a tomar por culo. Pero ¿qué te cuesta eso? Y a este tío lo pones a escarbar cebollinos, joder, y ya está».

Dicho y hecho: un año después, García-Castellón volvió a su puesto en Madrid[4] con Rafael Catalá, a quien Ignacio González llama «Rafa», siendo ministro de Justicia.

Al parecer es muy habitual que los jueces tengan una corte de periodistas con los que hacen *offs*. Es decir, periodistas de confianza a los que cuentan los avances de sus investigaciones. Por lo visto, el caso de García-Castellón es particularmente llamativo. Así me lo explicó un periodista de tribunales. Omito su nombre por razones obvias.

No son poca cosa los varapalos que se ha llevado García-Castellón tanto del Tribunal Supremo como de sus propios compañeros de la Audiencia Nacional. Solo por hacer un breve recordatorio, en octubre de 2020, el instructor completó el giro a la instrucción de la pieza número 10 del caso Villarejo y pidió al Supremo que me investigara a mí por, supuestamente, haberme inventado la causa que él mismo decidió abrir. Pocos meses después, obviamente, el Supremo rechazó la petición y le ordenó seguir con su instrucción[5].

Pero es que, antes, García-Castellón me había retirado la condición de perjudicado y, aunque no se había atrevido a imputarme, comenzó a dirigir algunas pesquisas contra mí. La Sala de lo Penal de la Audiencia Nacional le ordenó devolverme la condición de perjudicado cuando un informe policial dejó claro que yo no había inutilizado la tarjeta antes de devolvérsela a Dina. Eso fue en septiembre de 2020 y así seguimos.

Un poco antes, la unidad de Asuntos Internos de la Policía Nacional dejó por escrito en un informe que Villarejo había realizado una investigación ilegal a Dina Bousselham usando las bases de datos de la Policía[6]. Que cada cual saque sus propias conclusiones.

De lo judicial a lo mediático

Me dijo un amigo juez que es evidente que lo de García-Castellón es prevaricación. Me explicaba también que jamás le condenrán por prevaricar, por razones obvias, pero que su actuación en el caso del teléfono de Dina ha generado un nivel de escándalo notable entre sus colegas.

El recorrido judicial del caso está agotado; en lo que respecta a nosotros, no va más allá del tiempo que se pueda mantener en modo zombi en los medios. Para García-Castellón, ese tiempo llegó a su fin en enero de 2022, cuando decretó el final de la instrucción[7], aunque antes deberá tomar declaración a Eugenio Pino.

Otra cosa es que, al final, se vayan Inda y Villarejo de rositas, como se desprende del auto de cierre de la instrucción de la causa, que es lo que creo que va a ocurrir en lo que respecta a esta pieza. Nosotros hemos recurrido para intentar evitar que ocurra.

Esta es una constante desde 2014: todos los procesos judiciales contra nosotros acaban en nada. Pero, tal y como ha ocurrido con este, sirven para generar escándalos mediáticos. Son alpiste para un cierto tipo de prensa y nos han desgastado mucho porque, luego, cuando se cierran, el archivo casi no merece ningún tipo de atención en los telediarios y las tertulias.

Las pocas condenas contra dirigentes de Podemos que existen son el resultado de dudosos procedimientos que, además, nada tienen que ver con la corrupción, como las inverosímiles agresiones de Alberto Rodríguez y de Isa Serra contra policías. Estos casos serán materia de estudio para historiadores. Toda la documentación está pertinentemente archivada para el que quiera conocerla. En el caso de Alberto están, además, los votos particulares y, tanto en uno como en otro, están disponibles las filmaciones de las declaraciones en los juicios, para que cualquiera pueda comprobar la calidad del procedimiento.

Con todo, eso es lo único que han conseguido armar contra nosotros: condenarnos como activistas que se enfrentan a los antidisturbios en una protesta, nunca como corruptos. Creo que de mí no han podido sacar nada porque ya tengo una edad y sería un tanto surrealista que apareciera un antidisturbios jubilado acusándome de haberle tirado una piedra en una manifestación estudiantil en 1997... Aunque ¿quién sabe?

Lo que sí han tratado de montar es todo un relato de financiación ilegal con Irán y Venezuela. Todo quedó en nada... y no es que nosotros caigamos precisamente bien al grueso de la judicatura española. Digo «han tratado», pero en realidad siguen en ello: el último intento ha sido con la declaración de un tipo, al parecer desesperado, —el tal «Pollo Carvajal»— por que no le extraditen a EE. UU. por tráfico de drogas. Y, qué casualidad, el mismo García-Castellón maniobró para reabrir una causa ya archivada en 2016, pero la Audiencia Nacional le cortó el paso[8] en apenas un día. Se trata de otro artefacto mediático que no irá, judicialmente, a ninguna parte, pero que sirve para cebar los titulares contra Podemos. García-Castellón llamó a declarar a Carvajal, pero también a Calvente, que no tenía nada que ver con esto. Lo del caso Dina es increíble porque es el intento de convertir a la víctima en chivo expiatorio en los medios.

Y, cuando ya lo habían exprimido del todo, cuando el Supremo y la Audiencia habían taponado los intentos de convertirme en culpable, el juez intentó cerrarlo todo rápidamente y limitar la responsabilidad a los dos periodistas de *Interviú* y a Villarejo, pero, de nuevo, sus propios compañeros le ordenaron redirigir las pesquisas hacia donde apunta el sentido común y no le ha quedado más remedio que llamar a declarar a Eugenio Pino[9].

No sé qué saldrá de su declaración. Pese a su importancia mediática, la realidad es que la #10 es una pieza pequeñita dentro del enorme caso Villarejo, y Pino está vinculado a otras cosas, como el *Informe PISA*.

Para mí, lo llamativo es lo específicamente *político*. No parece que Villarejo se haya dedicado particularmente a investigar a Podemos. No lo parece porque, además, no coincide con la época dorada de Villarejo. Pero Pino, sí. Eugenio Pino y José Ángel Fuentes Gago parece que son los jefes de esa policía política que montó el PP y son los que están detrás del *Informe PISA*, detrás del espionaje a Podemos y detrás de las filtraciones a los medios. ¿Se irán de rositas?

«Vamos a por tu vicepresidente»

Estando ya en el Gobierno Pedro Sánchez e Iván Redondo me pidieron una reunión para hablar de un tema judicial. Estábamos en un despacho de Moncloa Juanma del Olmo, Iván, el presidente y yo. Aun no se había producido el giro del caso con el que se intentó hacernos pasar de víctimas a investigados. El presidente fue claro: «Van a por ti», me dijo. «Te vamos a defender, pero que sepas que van a por ti», insistió. Que te llame el presidente del Gobierno para reunirte con él y que te diga eso, tiene su trascendencia. La reunión fue, como digo, antes de que se produjera el giro en la investigación judicial, pero supongo que ellos ya tenían información sobre lo que iba a ocurrir. Lo que más me impresionó —quizá entonces era más ingenuo que ahora— es que alguien llamara al presidente del Gobierno y le dijera que iban a por mí con García-Castellón.

No sé de dónde les vino la información ni el aviso, pero reconozco que esa conversación me tocó. Era evidente que iban a por mí porque era el vicepresidente.

Un día, comiendo juntos, el presidente me dijo que creía que debía conocer a algunos jueces importantes porque, si me conociesen en persona, la imagen que tenían de mí podría cambiar. Le dije que estaría encantado.

Aunque nunca se produjo ese encuentro con ninguno de los jueces que debía conocer, estaba claro que el presidente había asumido que irían a por mí y que, quizá, si nos presentaban, verían que yo no era tan terrible. Creo que el presidente me decía la verdad y que actuaba de buena fe.

Eso sí, si se analiza desde la óptica de la separación de poderes que hay en este país, es tremendo. Que el presidente te diga que los integrantes de un poder del Estado no te tienen en gran estima y que, en parte, es así por lo que leen en los periódicos o escuchan en las tertulias; que si te conocieran en directo sería distinto, que aunque sean más de derechas que el caballo de Don Pelayo, tendrían una imagen de ti diferente... Reconozco que eso me impactó. No es lo mismo imaginarlo que comprobarlo. Aunque me quedé con las ganas de conocer en persona a algunos de esos señores.

Después de aquella reunión con Sánchez y con Redondo, quedé con Enrique Santiago, que es la persona que, junto a Jaume Asens, coordina en Unidas Podemos todo lo que tiene relevancia jurídica. Le puse al frente de toda esta cuestión. Enrique me explicó que el asunto no iba a ninguna parte en términos jurídicos, pero que lo harían durar todo lo posible para hacernos daño.

Jamás hablé de esto con la Fiscal General, Dolores Delgado. Dejé de fiarme de ella muy, muy pronto. Primero, cuando se filtró aquella conversación durante una comida con Villarejo en la que también estaba

Baltasar Garzón y, luego, por la reunión que mantuvo con Inda[10]: Willy Veleta pilló a Dolores Delgado con Inda y, para salir del paso, se inventaron una entrevista. Por supuesto, esto no ha salido en los grandes medios, pero pillaron a la Fiscal General del Estado reuniéndose con el sindicato del crimen, Eduardo Inda, en un piso y, después, además, lo trataron de camuflar con una inverosímil entrevista de la Fiscal General a Eduardo Inda. Vomitivo, escandaloso. A partir de ahí, recuerdo que coincidimos en algún acto y me apartaba la mirada. Algo importante debe de tener Inda para que toda una fiscal general se humille de tal forma. Fui muy claro a nivel público. Para muestra, un tuit que publiqué poco después de desvelarse la reunión de Delgado e Inda:

Allá por 1988 dijo Felipe González:
«El Estado de Derecho se defiende en las tribunas y
en los salones, pero también en los desagües».
Hoy en los desagües se sigue defendiendo el statu quo
pero hay focos, maquillaje, amistades y encuentros
extraños...
Y atronadores silencios.

Con el ministro Campo comenté en alguna ocasión que, jurídicamente, el caso Villarejo-Inda convertido en caso Dina no había por dónde cogerlo, que solo se podía sostener a nivel mediático. Estaba básicamente de acuerdo conmigo, aunque siempre me dijo que, con los jueces, casi todo es posible. Y era Campo quien me lo decía. Campo me estaba dejando claro que el caso no tenía ningún recorrido judicial —y que eso Lesmes lo sabía—, pero que el chicle se estiraría hasta el final para buscar el desgaste político.

La campaña del 28A

Cuando declaré como perjudicado ante el juez, quedaban apenas unas semanas para las elecciones generales y, como no podía ser de otra forma, la investigación del caso Dina fue un elemento central. Pero no porque yo lo eligiera así. Los tiempos judiciales y políticos no los definí yo, ni mucho menos. No elegí la fecha de mi declaración ni, obviamente, la de la convocatoria a las urnas.

La clave de la campaña electoral se expresó muy bien en el acto que tuvo lugar en la plaza del Museo Reina Sofía con el que con el que lanzábamos la precampaña, justo a mi regreso del permiso de paternidad. Aquel fue un discurso muy trabajado con Manu Levínque más tarde utilizamos en una entrevista en La Sexta que se grabó también al lado del museo.

El planteamiento de la campaña fue claro: vamos a decir la verdad, le duela a quien le duela. Creo que fue enormemente eficaz, y lo que salió a la luz unos días después, con todo lo referido a esa pieza número 10, no hizo sino confirmar que acertábamos diciendo la verdad sin maquillaje.

Lo que queríamos decir era sencillo: el poder económico manda más que el poder político. Y lo concretábamos al decir que los dueños de Atresmedia tienen mucho más poder que un diputado. La existencia de las cloacas, el proceso judicial y todo lo demás es algo que coincide en el tiempo y que vino a confirmar lo que defendíamos: nosotros somos los que decimos la verdad sobre el poder y la verdad del poder es la cloaca, que ha operado contra los independentistas y que está operando contra Podemos.

De todas formas, yo no tengo la impresión de que eso fuera tan definitivo en la concienciación política de las personas. La gente no vota pensando en a quién ataca más el poder. El tema de las cloacas es algo para muy cafeteros, la gente no lo entiende bien y no es un tema que forme parte de las grandes preocupaciones de la ciudadanía.

Pero sí confirmaba algo que era cierto: que a nosotros nos perseguían y que la clave de las cloacas policiales y judiciales contra nosotros es que son mediáticas. No tienen trascendencia jurídica, pero sí mediática. Villarejo es un operador mediático, un huelebraguetas que lleva a su equipo de periodistas los dosieres para hacer daño a la reputación de quien toque. La diferencia, lo que me llena de honor, es que a los otros les sacan temas de enriquecimiento ilícito, de drogas o de prostitución. A nosotros, como mucho, enfrentamientos en manifestaciones. En términos morales define bien quiénes son y quiénes somos.

En la campaña de esas elecciones del 28 de abril nosotros conseguimos algo muy importante. Algo que, lógicamente, tuvo un precio y lo tuve que pagar yo: presentar a los medios de comunicación de la derecha —o propiedad de empresas de derechas— tal y como son, lo que ha contribuido a su creciente desprestigio en España.

Mientras preparábamos este libro, *The Objective* sacó presuntas informaciones sobre Ábalos. Pero la noticia real no tenía nada que ver con Ábalos, sino con la degradación del periodismo; y esto es algo de lo que los periodistas también hablan ahora. Hemos pasado de una época en la que, con cierto cinismo, nos acusaban de atacar a los periodistas, a que ahora muchos nos den la razón. Hace unos años nos decían que ellos eran el árbitro, el mensajero inocente. Nos espetaban eso de «no mates al mensajero» y nos decían que todos eran compañeros. Esos «mundos de Yupi» formaban parte de un pensamiento hegemónico en los periodistas jóvenes que nos seguían. Pero, en un momento determinado, aquello empezó a caer y comenzó a haber muchos periodistas que nos reconocían que no podían salir a decir determinadas cosas porque trabajaban donde trabajaban, pero que lo que estaba ocurriendo con Podemos era una vergüenza. Algunos periodistas veteranos —se me vienen a la cabeza, por ejemplo, Garea, Juliana o Palomera— lo vieron desde el principio, pero no siempre se podían permitir decirlo.

Esto sí fue definitivo. Tanto, que fue lo que nos hizo ganar el relato de la repetición electoral de noviembre, algo que era muy difícil. En verano de 2019 el PSOE nos ofreció un acuerdo programático. IU y los comunes lo habrían aceptado antes que tener que repetir las elecciones y también algunos compañeros de la dirección de Podemos. Pero en el núcleo directivo decidimos resistir, tenía que ser Gobierno de coalición o Gobierno de coalición.

En aquellos días se produjo una cena en casa del periodista Nacho Escolar con Errejón y Michavilla —el mismo Nacho me la confirmó—. Allí, por lo visto, Michavilla enseñó datos a Errejón que le aseguraban un buen resultado a su partido si se presentaba a las generales. Al parecer, los argumentos de Michavilla fueron muy convincentes. La creación de Más País daba argumentos a los partidarios para dejar gobernar al PSOE en solitario y no arriesgar. Pero arriesgamos.

Aquellos días no fueron fáciles. Si no hubiéramos aguantado la presión de dentro y de fuera entonces, hoy el liderazgo de Yolanda no existiría. Eso me lo reconocen hoy todos los compañeros que, en su momento, habrían aceptado un acuerdo con el PSOE que nos dejara fuera del Gobierno.

Al final no nos fue tan mal en la repetición electoral porque no paramos de repetir la verdad, por áspera que fuera. Dijimos la verdad sobre el poder mediático. En este país todo el mundo reconoce que los medios son actores políticos, los principales actores políticos. Uno de nuestros éxitos fue unir dos palabras: «poder» y «mediático». Fue una idea de Manu Levín referirse a los grandes medios como «poder mediático» en aquella campaña.

Aunque en algún momento pudiera parecer que, más allá de la estrategia, se había producido un punto de inflexión en el que todo ya nos daba igual, no fue así. Realmente entendíamos que sería lo más eficaz. Tampoco había margen para otro tipo de comunicación.

En el verano de 2014, yo era el político más valorado en las encuestas. Cuando se tiene a un candidato así, se le puede vestir de presidenciable y adornarlo con características transversales que pueden funcionar. Yo tengo mis dudas de que eso funcione siempre, pero se puede intentar y, en algunos casos, es eficaz. En el contexto de 2019, Iglesias tenía que ser el Iglesias que la gente conocía, el tipo que habla de lo que nadie se atreve a hablar y, lo que es más importante, que dice la verdad.

Lo que buscábamos era generar un pensamiento que se podría resumir en un tuit del tipo: «Te podrá gustar más o menos, te caerá mejor o peor, podrá haberse equivocado, pero esto que está diciendo es verdad y nadie lo dice». Ese era el Iglesias que nos podía hacer competitivos. El desgaste sufrido a fuerza de recibir ataques no dejaba espacio entonces para construir otro perfil.

Pero, ojo, nunca renunciamos a las buenas formas. Una de las claves de que nos impusiéramos en los debates electorales —sobre todo el segundo, en Atresmedia— fue ganar por la forma. Recuerdo decirle «con todo el respeto» a Albert Rivera: «Es usted un maleducado, no hay que interrumpir, hay que dejar hablar». Eso era también nuestro estilo. Nada de griterío, nada de interrupciones: vamos a dejarnos hablar. Y funciona. Tanto, que incluso se enfadaron y empezaron a acusarme de poner voz de cura. «Mira, es un comunista crispado, pero pone esa voz y ese tono bajito, nos quiere engañar a todos queriendo hacer creer que es razonable».

La campaña del 28A, y también la de la repetición del 10 de noviembre, fue una mezcla de contundencia, de decir lo que nadie se atrevía a decir y de hacer lo que jamás ha hecho ningún político.

Hace unos meses hablaba con Fernando Berlín y me decía que cómo espero que me trate bien Ferreras con las cosas que le he dicho en directo. Y tenía razón, ya lo sé. Pero no hay que regalar la legitimidad a quien no la merece. De Ferreras yo solo digo la verdad incluso cuando digo que en lo personal me cae muy bien. Pero después de nuestra experiencia de acoso, especialmente a los niños, hay que decirle que es amigo de Inda y que le protege. Decirle: «por muy amigo que digas que eres de Zapatero, por mucho que digas que eres socialdemócrata y no sé cuántas cosas más, la realidad es que eres una pieza más en el engranaje de las *fake news* y del periodismo basura. Dar la voz a Inda es ser su cómplice».

Ciertamente, no vine a la política a hacer amigos.

¿Acaso que yo diga eso se va a traducir en que nos dé aún más duro en su televisión y en que saquen más a Errejón, como me decían algunos compañeros? Creo que hay un error en ese planteamiento, porque lo iba a hacer igual. Y sin embargo, mucha gente que antes no le conocía, ahora le conoce.

Lo que hicimos en 2019 era, además, lo único que se podía hacer con un candidato al que habían golpeado tanto como a mí. Ahora, con Yolanda, se pueden hacer otras cosas mucho más amables. Ella está en la fase en la se puede adornar al candidato con un montón de atributos y en la que puede tener una relación distinta con los medios. Dentro de un tiempo, ya veremos cómo está la situación, pero, mientras tanto, hay que ganar todo el terreno posible. El problema es que la destrucción personal del adversario está cada vez más normalizada.

Lo que le hicieron a Cifuentes y a Ábalos tuvo éxito. A Ábalos le han destrozado la vida y se vio que su partido titubeó a la hora de protegerlo. De los suyos, solo salieron a defenderlo Odón Elorza y Óscar Puente. Y Cifuentes es un triste juguete roto que se ha comprado Risto Mejide para su programa.

Pienso que lo que va a venir es aún más fuerte. Pedro Vallín me dijo una vez que lo que me han hecho no se van a atrever a hacérselo a nadie más, y menos a Yolanda. Ojalá tenga razón. Es indudable que para cada perfil hay que diseñar una receta específica de lo que le hace más daño. Es verdad que existen muchas diferencias entre Yolanda y yo: el momento es distinto, las formas son distintas, las claves del liderazgo son muy distintas entre quien se hizo conocido en la televisión y quien se dio a conocer como ministra de Trabajo. Pero cuidado: los medios pueden hacer prácticamente el traje que quieran a quien quieran con un poco de tiempo y dedicación. Al final, el dilema es siempre el mismo: plata o plomo.

Una de las cosas que le dije a Yolanda poco después de dejarlo todo es que evitara salir por la noche, que evitara disfrutar de un *gin-tonic* en una terraza con amigos como puedes hacer cuando no tienes responsabilidades políticas importantes. Cualquiera puede decir tres idioteces que se entienden en el contexto de la terraza con amigos, pero que, si alguien grabase con un móvil, podrían hacer muchísimo daño. Y ese es el estilo de nuestros enemigos; no tienen ningún tipo de escrúpulos. Y todo el mundo es vulnerable en sus espacios privados.

Es lo que han intentado hacer conmigo y con Irene. No sé cuántas veces han anunciado divorcios e infidelidades, por ejemplo. Ese es su *modus operandi*. Es verdad que, en la manera de responder, yo siempre he sido muy desafiante y eso también define cómo tratan a uno. Puede que con Yolanda sean más sutiles, pero no serán menos crueles si ven amenazados sus privilegios. Y, ojo, que el machismo en la manera de construir las venganzas no tiene límites. Sigo pensando que a las mujeres se las trata muchísimo peor que a los hombres a la hora de desruirlas políticamente.

Creo que no van a parar: una vez que los lobos han probado la sangre, quieren más.

La venganza de Little Caracas y el *lawfare*

Retomo como ejemplo lo que han hecho con Ábalos. Lo primero que hay que tener en cuenta es que eso es Venezuela. Es la venganza de Little Caracas. El periódico que publica las historias de Ábalos está financiado por los ultraderechistas venezolanos y van a por Ábalos por lo que van a por Ábalos. Incluso cuando ya no forma parte del Gobierno, cuando está de salida del PSOE, le han puesto una diana encima. De hecho, es probable que hayan decidido ir a por él justo cuando lo han visto más débil.

Ellos consideran que Ábalos ha mantenido una posición con respecto a Venezuela diferente a la que les hubiera gustado. La oposición venezolana se acostumbró a que Pedro Sánchez apoyara a Juan Guaidó y le reconociera como presidente encargado, aunque, al final, nunca lo llegó a recibir en la Moncloa. Eso se lo dejó a la ministra de Asuntos Exteriores, Arantxa González Laya.

Y José Luis Ábalos, que conoce bien América Latina, ha sido uno de los que siempre pensó que su partido no había estado fino en este asunto. Se podrán decir muchas cosas malas del oficialismo venezolano, pero lo que tienen enfrente es para verlo y para conocerlo. Se le pueden hacer muchas críticas desde la izquierda al chavismo, pero cuando se ve lo que tienen enfrente todo se contextualiza mejor. Sin ser un hombre que esté en la posición de José Luis Rodríguez Zapatero, Ábalos tenía una visión más templada y más consciente de lo que representa la oposición venezolana que la que tienen muchos en su partido. Y eso no se lo perdonan.

Hubo un punto de inflexión que fue la parada técnica en Barajas de la vicepresidenta venezolana Delcy Rodríguez. Lo paradójico de este asunto es que, aunque sí nos enteramos a través de diferentes vías de que viajaba hacia España, no tenía nada que ver con nosotros.

Alfredo Serrano —el director de CELAG— y Enrique Santiago siempre están bien conectados con América Latina y me informaron de que ese viaje se iba a producir. Inmediatamente le transmití al presidente la información que tenía y mi preocupación; era la típica cosa que podía acabar mal. Me dijo que no me preocupara. Reconozco que veíamos con cierta ironía el lío que se podía armar con nosotros de espectadores. Y, sinceramente, la manera en la que se gestionó no fue demasiado inteligente.

Parece que, efectivamente, existía una invitación personal por parte de José Luis Ábalos a un ministro venezolano que era amigo suyo y que debía participar en un evento en España. Lo que, por lo visto, no estaba previsto, es que viniera en el mismo avión que la vicepresidenta de Venezuela. Parece que el problema era que el avión tenía necesidad de repostar pero no se podía permitir que Delcy Rodríguez llegara a pisar territorio nacional. La solución que —después se supo— encontraron, fue que ella aguardara en una sala de espera mientras se producía la parada técnica y siguiera después viaje a Turquía, que era a donde se dirigía. Y así ocurrió. Con todo, pienso que se hubiera podido gestionar de una manera un poco más discreta sin exponer al ministro.

La ironía es que el momento venezolano del Gobierno de coalición no tuvo nada que ver con que Podemos estuviera en él. Nadie —o casi nadie— intentó meternos en la ecuación, porque era ciertamente inverosímil. Además, la derecha vio rápidamente que Ábalos era una pieza de caza mayor, mucho más interesante, precisamente, porque era el secretario de organización del PSOE.

Este hecho puntual —a mi juicio, poco relevante— fue el detonante de la persecución contra Ábalos. Pero no hubiera sido posible —o no hubiera alcanzado las cotas de indigencia que alcanzó— sin el proceso de latinoamericanización de la política española que se ha producido en estos años. Se ha establecido en Madrid una especie de réplica de lo que en Miami se instaló en su momento en relación a Cuba, aquella Little Havana desde donde se organizó una oposición política —y, a veces, terrorista— al Gobierno cubano.

Lo de Little Caracas empezó un poco como una broma entre periodistas ante la amplia presencia de opositores venezolanos —entre ellos muchos millonarios— en Madrid, pero ya hay publicadas no pocas informaciones sobre su peso en las zonas de más lujo, sobre su incidencia en la propiedad de los medios de comunicación, el acaparamiento de viviendas, con la compra de edificios enteros, restaurantes, locales de ocio, etcétera. Todo financiado por multimillonarios venezolanos que utilizan todos sus recursos para hacer de España un operador beligerante en la política venezolana. A nadie le puede sorprender que el gran enemigo de esta gente sea Zapatero a pesar de que gracias a él muchos de ellos salieron de la cárcel.

La ventaja con la que cuentan es que en Madrid tienen al PP que a ellos les gusta. Las relaciones con Vox y con el partido de Pablo Casado son muy estrechas. Pero en Madrid además tienen a Ayuso, que es la mejor expresión de la latinoamericanización trumpista de la política en España.

Cuando hace muchos años íbamos a América Latina a trabajar y a estudiar, veíamos sus sistemas políticos, sus formas y los debates tan crispados que había en los medios de comunicación latinoamericanos como algo extraño. Leyendo la descripción que hacía Eduardo Galeano de la burguesía y la derecha de Caracas, yo no reconocía a la nuestra en los tiempos de Aznar o Zapatero. Pero ahora sí la reconozco. En España se utiliza el *lawfare* de forma cada vez más evidente. Los medios de comunicación se van latinoamericanizando también. Ya no hay deontología: escándalos sexuales, *fake news* y mentiras que se expanden desde ese Little Caracas madrileño.

Los liderazgos políticos de la derecha también se parecen cada vez más a las derechas latinoamericanas. Y desde los dos lados del Atlántico colaboran en redes sociales. Julián Macías, en *Pandemia Digital*, explica cada semana qué es Atlas Network y sus vinculaciones con las redes de ultraderecha en América Latina y en España.

Madrid es el epicentro del dominio de la ultraderecha y del proceso de penetración de la ultraderecha caraqueña con respecto a la madrileña, donde se concentra especialmente el fenómeno. Fuera de Madrid no existe, pero desde Madrid se irradia al conjunto de España. El insurrecionalismo cayetano es ciertamente muy madrileño.

Y es indudable que Podemos y el independentismo catalán han hecho que la derecha enseñe su verdadero rostro, que es la que ha enseñado siempre en los momentos definitivos de historia de España, pero que supieron ocultar. Gritones, agresivos y cobardes al mismo tiempo. Son así, y cuando tienen la sensación de que les pueden quitar el poder, enseñan lo que lo que realmente son, incluso haciendo ostentación de esa característica tan propia de los reaccionarios españoles; su incultura que a veces les lleva incluso a tratar de ridiculizar al que lee.

El estilo lo puso de moda Esperanza Aguirre. Hace 30 años se veía con cachondeo cómo una señora que como ministra de Cultura había dejado frases y titulares terribles, se pudiera convertir en una figura tan poderosa en Madrid. El problema es que se abrió la puerta a un tipo de derecha muy ultra, muy agresiva, muy preocupada por el control de los medios de comunicación, salvajemente corrupta y ostentosa y hasta con vínculos nobiliarios. Lo que siempre han sido y que, de alguna forma, disimularon durante muchos años en el Sistema del 78.

Intereconomía les encantaba a los *indepes* catalanes a la hora de identificar lo español. Allí iban vestidos de fachas, no les faltaba ni un detalle, hasta el pelo repeinado con gomina. Era ridículo. Pero, al final, se normalizó esa ridiculez que durante mucho tiempo se identificaba con una caricatura impresentable.

En la reacción contra nosotros hay un elemento de clase que conmigo ha operado de manera muy clara: «Quédate en Vallecas, hijo de puta, que los chalets no son para gente como tú. Y si no, iremos a por ti con todo». Y vinieron.

Calvente

Cuando García-Castellón rehace la causa contra Villarejo y la convierte en un caso contra Pablo Iglesias, decide llamar a declarar a José Manuel Calvente, aunque su testimonio ya había quedado desacreditado en el tribunal de la eterna causa menguante del juez Escalonilla.

Yo a Calvente no lo conozco. Nunca he hablado con él. Fue Alberto Rodríguez quien me dijo que había determinada gente en el equipo legal de Podemos de la que no nos podíamos fiar. Y hasta aquí puedo leer. A partir de este punto se pueden entender un montón de cosas que han ocurrido después.

Si de algo me arrepiento es de no haber hecho caso antes a Alberto Rodríguez, porque fue el primero que me dijo que no podíamos seguir con esa gente. Y creo que los hechos han ido confirmando que tenía toda la razón.

CUARTA PARTE

LA DECISIÓN

Si algo no nos esperábamos los periodistas el lunes 15 de marzo de 2021 era un vídeo en Telegram en el que Pablo Iglesias anunciaba su dimisión como vicepresidente del Gobierno y que se postularía como candidato de Unidas Podemos a las elecciones convocadas en Madrid por Isabel Díaz Ayuso.

Pero ocurrió. Fue el último plot twist *de su corto, pero intenso, paso por la institucionalidad. Iglesias soltaba el sillón para hacer un último servicio a su partido y, a la vez, designaba a su sucesora: Yolanda Díaz. Dos gestos consecutivos que echaban por tierra dos de los pilares que han cimentado el relato contra él: su ansia de poder y las maniobras para ceder el testigo a Irene Montero. No lo hizo. Ni en el Gobierno ni en el partido.*

Tampoco era la primera vez que Iglesias amagaba con irse e incluso lo hacía de facto. Lo hizo en Vistalegre 1 y en Vistalegre 2. Pero también en el verano de 2019, cuando Sánchez lo señaló como el obstáculo para alcanzar un acuerdo para un Gobierno de coalición y optó por dar un paso al lado.

¿Se plantearon alternativas? Sí. ¿Lo sabían los implicados? La mayoría, no. ¿Y Pedro Sánchez? Se enteró

unos minutos antes. La decisión se tomó casi sobre la marcha, después de que Ayuso hiciera lo único que podía hacer después del fiasco de Murcia: romper con Ciudadanos y convocar a los madrileños. Le salió bien, e Iglesias reconoció su parte alícuota de responsabilidad en la misma noche electoral.

La última campaña de Pablo Iglesias, consciente de que iba a serlo, le sirvió para escribir su epitafio político. El discurso de cierre, el viernes 2 de mayo en el barrio de Vicálvaro, puso el punto y final a una etapa que termina con él y marca en el mapa ideológico de la izquierda la línea de puntos que señala de dónde vienen, quiénes son, a dónde van y cómo llegaron hasta allí.

Aquel 4 de mayo, al filo de la medianoche, se ponía fin a una aventura que superó con creces todas las expectativas de sus protagonistas. Fiel a su personalidad hasta el último instante, Iglesias se despidió con una cita de una canción del cantautor cubano Silvio Rodríguez.

Cuando se elimina de la ecuación la cuestión familiar, no queda rastro de arrepentimiento en Pablo Iglesias. Satisfacción por el trabajo hecho y los logros alcanzados, más bien. Y la profunda convicción de no haber cedido a la tentación, de no haberse dejado comprar. Algo clave en la cultura política de la que ha mamado desde la cuna.

¿Y ahora, qué? Familia, universidad y agitprop en los medios como el de antes, pero con muchos más

recursos y una capacidad de tiro infinitamente superior
a la de La Tuerka.

A.R.

Yo no sé lo que es el destino.
Caminando fui lo que fui.

El Necio, Silvio Rodríguez

Cinco días de marzo

La decisión de abandonar la vicepresidencia del Gobierno y presentarme a las primarias para ser el candidato de Unidas Podemos en las elecciones a la Comunidad de Madrid de mayo de 2021 la tomé tres días antes de anunciarlo y después de planteárselo a mi núcleo más próximo y a algunos compañeros y compañeras cuya opinión era muy relevante para mí.

La situación era desesperada porque estábamos convencidos de que iban a inhabilitar a Isa. Tras saber que Alberto Garzón había decidido finalmente no presentarse —me explicó que en IU no lo veían—, Irene me propuso presentarse ella. En ese momento lo vi: era absurdo que se presentara ella. Debía hacerlo yo, por muchas razones que empezaron a caer como una cascada en mi cabeza. Cuando se lo fui diciendo todos pusieron cara de «oh, dios mío». Pero no tardaron mucho en rendirse ante la evidencia de que era lo correcto. Quizá el que más se opuso de todos fue Enrique Santiago. Pero no había otra alternativa, aunque la decisión suponía en la práctica dejar el liderazgo del espacio político. Plantearon dudas, dijeron que no podía ser, pero les convencí de que no había mejor ocasión para hacerlo. En aquellas elecciones existía un riesgo real de quedarnos fuera de la Asamblea de Madrid y, en esas circunstancias, hacer la transición con Yolanda habría sido mucho más complicado. Si poníamos en marcha el proceso de relevo después de un eventual batacazo, todo se interpretaría como un intento de recomponer los muebles en una situación desesperada, cuando la decisión de que Yolanda tomara las riendas la tenía clara ya desde el verano anterior.

Y todavía quedaba otro argumento que compartí aquel día con mi equipo más cercano: no era imposible sumar para derrotar a la derecha. Si se lograba una movilización de los barrios donde habitualmente se impone la izquierda era posible, o eso creía yo. Yo podía contribuir a esa movilización, incluso si UP no era el partido más beneficiado de la misma, para intentar darle la vuelta a unas elecciones que estaban muy complicadas de antemano. Y, de hecho, lo conseguimos. El problema fue que la hipótesis era errónea.

La hipótesis con la que fuimos al 4M era sencilla: si el sur de Madrid vota, la derecha y los ultras no tendrían mayoría. Y el domingo de las elecciones votó el sur de

Madrid. De hecho, vivimos horas de emoción antes del resultado final porque se votó mucho en el sur de Madrid. Pero la derecha demostró que tenía mayoría también si votaba el sur de Madrid.

En esas conversaciones en las que se terminó de tomar la decisión, que se resolvió en horas, no participó Yolanda Díaz. Para que saliera bien, sabía que no podía decírselo. De hecho, si se lo hubiera comunicado no me habría dejado hacerlo. Se ha dicho mucho que no quería ser ministra de Trabajo, pero ser ministra de trabajo le encanta; era la máxima aspiración política y personal para una abogada laboralista, hija de un líder sindical y militante comunista desde la adolescencia. Pero, del mismo modo que le hacía mucha ilusión ser ministra de Trabajo, entonces no quería oír hablar de ser vicepresidenta y líder del espacio político. Era consciente de que le tocaba, pero no quería. Por suerte todo ocurrió como pensé que iba a ocurrir. Tardó un tiempo en hacerse a la idea pero hoy es evidente que Yolanda está radiante como vicepresidenta y líder del espacio. Se gusta y eso se ve, ha definido su propio estilo de figura independiente que puede ser muy útil para los objetivos de Unidas Podemos. En Podemos, se ha consolidado el liderazgo femenino con Ione y las principales responsabilidades en manos de mujeres y el partido funciona mejor que cuando estaba yo de secretario general. Creo que, en Podemos, acertamos haciendo así la transición.

Yolanda se enteró a la vez que la mayoría de los españoles, el lunes 15 de marzo, con aquel vídeo en el que anuncié mi decisión y en el que pedí a todos «animar y apoyar a Yolanda para que, si lo decide y lo quiere la militancia, sea la candidata de Unidas Podemos en las próximas generales y la primera mujer presidenta». Ella estaba en ese momento en una reunión telemática con otros ministros europeos. Le pedí que viniera a comer a mi despacho. Entró y me dijo: «¡Qué cabrón eres, qué cabrón eres!». Nos dimos un abrazo, comimos tranquilamente y planificamos algunas cosas. No iba a aceptar que le quitaran las competencias de trabajo para ser vicepresidenta. Le dejé claro que eso no ocurriría y todo salió bien. Lo de estar por delante o por detrás de Nadia en el escalafón de vicepresidentas le daba igual y ciertamente importaba poco. Una vicepresidencia con Trabajo vale mucho más que una sin trabajo por mucho que sea la segunda o la primera.

En Podemos no todo el mundo lo comprendió al inicio, aunque después, cuando han visto lo que ha ocurrido y cómo se han desarrollado los acontecimientos, creo que se ha terminado entendiendo. Uno de los que menos lo entendió al principio fue Juan Carlos Monedero, pero con el paso del tiempo creo que es difícil cuestionar que fuera la decisión correcta.

Antes de tomar la decisión definitiva se valoró la opción de Alberto Garzón. Lo hablé con él y me dijo que lo iba a meditar, pero hubo dos elementos que hicieron esa opción imposible: por una parte, el entorno de la dirección de Izquierda Unida no lo veía claro. Así me lo trasladó Alberto. Si Izquierda Unida no lo veía o el entorno de Alberto en Izquierda Unida no lo veía y él tampoco lo veía claro, no había mucho que hacer.

Fue entonces cuando, desde el entorno de Alberto en IU, se propuso la opción de lanzar a Irene Montero. Irene, como decía, estaba dispuesta a aceptarlo pero eso no tenía ningún sentido. A Irene le quedaba trabajo por hacer en el Ministerio de Igualdad, que se sigue produciendo y se está haciendo bien, y yo tenía claro desde el verano anterior que no iba a poder ser el candidato ni el líder del espacio en las siguientes elecciones. Era algo que llevaba hablando ya mucho tiempo con compañeros de Podemos, con Enrique y con Yolanda. Había que encontrar el momento preciso. Y el momento se presentó.

La decisión fue política. Lo personal pesaba y, aunque es verdad que en los últimos tiempos eso se había intensificado mucho, en realidad yo llevaba siete años en una situación no deseada. Quiero decir que mi situación personal no fue lo determinante a pesar de la presión contra mi familia. Yo estaba dispuesto a cumplir con mi obligación y con mi compromiso el tiempo necesario, pero hacía muchos meses que era consciente de que había que construir la transición porque yo ya no iba a poder ser el mejor candidato para las siguientes elecciones generales.

¿Qué fue lo que terminó de desencadenar la presión contra mi? Haber contribuido unos meses antes a armar el bloque con ERC y Bildu para aprobar los Presupuestos Generales, dejando a Ciudadanos fuera. Sabía que eso no me lo iban a perdonar. Y no me lo perdonaron. Armar una alianza parlamentaria ineludible para el PSOE con las izquierdas independentistas vasca y catalana, no era poco. Me había salido todo bien. Y la consecuencia de que te salga todo bien, a veces, es que te quemas: entras al incendio, salvas al niño, pero tú del incendio no sales. En un relato clásico.

En política hay que ponerse siempre en el lugar del enemigo. Lo que nosotros habíamos conseguido era tremendo. Primero, entrar al Gobierno. Y gracias a entrar en el Gobierno y pelear por conseguir las competencias de Trabajo, se pudo construir un liderazgo inequívoco para estos años en la persona de Yolanda Díaz. Además, hemos sembrado semillas para el futuro. Hay que destacar lo que han hecho, y siguen haciendo, Ione Belarra e Irene Montero, dos mujeres de menos de 35 años. Y lo mismo cabe decir del equipo de mujeres que acompañan a Ione en el partido. Son el futuro.

La misma mañana del anuncio de mi dimisión le mandé a Pedro Sánchez un mensaje largo de Whastapp para explicarle mi decisión. En el mensaje le di las gracias y le planteé que en ese contexto iba a intentar un acuerdo preelectoral con Más Madrid porque creía que podía ser un revulsivo a la hora de lograr la movilización que pensaba que hacía falta para frenar a la derecha. En el mismo mensaje le informé de que la vicepresidenta iba a ser Yolanda, de que Ione se quedaría al frente del Ministerio de Derechos Sociales y de que Enrique Santiago iba a asumir la Secretaría de Estado para la Agenda 2030.

Fue un mensaje largo, y él me contestó también un mensaje largo, muy cariñoso, en el que me agradeció la labor que había desempeñado en el Gobierno. Pedro entendió la lógica política de mi decisión, pero me planteó que tendríamos que discutir lo de los nombres en el Gobierno. A esto último le dije que no. No sé si no quería a Yolanda, a Ione o a Enrique. Pero eso no formaba parte de la discusión. Nosotros no teníamos nada que decir sobre la cuota del PSOE en el Gobierno pero la nuestra la decidíamos nosotros.

Él entonces me planteó que si era Yolanda no podía ser vicepresidenta segunda, como había sido yo. Me explicó que el problema era Nadia Calviño, que durante mi presencia en el Gobierno fue la vicepresidenta tercera. Yolanda y Nadia son ambas integrantes de la Comisión Delegada del Gobierno para Asuntos Económicos, y Calviño no quería estar por detrás de Yolanda en el escalafón de este organismo. Yo le respondí que no creía que hubiera ningún problema con eso porque sabía que lo que le interesaba a Yolanda era mantener las competencias de Trabajo. Lo hablé con ella durante la comida que tuvimos el mismo lunes y, como había previsto, me respondió que le era indiferente que su vicepresidencia fuera la segunda o la tercera.

En ningún momento de los meses anteriores había dejado entrever a Pedro que existía una posibilidad de que yo no concluyera la legislatura dentro del Gobierno. Nunca le enseñé esa carta. Siempre le dije que iba a aguantar ocho años. Doce. Todo lo que hiciera falta. Tenía que proteger a Yolanda y al resto del equipo. Si le hubiera enseñado esa carta, habría quedado amortizado políticamente de forma inmediata.

El error del PSOE

Unos días antes, cuando el 10 de marzo se anunció la doble moción de censura de Murcia, vi lo que venía y se lo dije a los compañeros en varios mensajes de telegram: «Va a haber elecciones en Madrid, va a haber elecciones en Madrid, va a haber elecciones en Madrid». Era evidente. Si el PSOE había llegado a un acuerdo —entre las direcciones estatales— con Ciudadanos para hacer una jugada así, quería decir que Ciudadanos ya no era un socio de fiar para Isabel Díaz Ayuso. Aunque Arrimadas le asegurara a Ayuso que quería seguir con el Gobierno de coalición en Madrid, lo lógico es que Ayuso pensara que se lo estaba asegurando, sí, pero en esa hora y lugar. Y si ya te han traicionado en Murcia, podía ocurrir lo mismo en cualquier momento en la Comunidad de Madrid.

Era evidente que Ayuso no tenía más opción que convocar elecciones anticipadas. Hizo lo único que podía hacer. Lo que pensé entonces es que, si el PSOE y Ciudadanos habían pactado echar al PP en Murcia, tendrían todo preparado y la gente de Gabilondo estaría a la misma hora en la puerta del Registro de la Asamblea de Madrid para presentar una moción de censura inmediatamente. En esas circunstancias, Ciudadanos podría haberse prestado a jugar la baza de la moción, aunque solo fuera por pura supervivencia. Electoralmente, iban a morir, como después se vio, y, si Ciudadanos quería sobrevivir, necesitaban un acuerdo para una moción de censura en Madrid y evitar así las urnas.

Esa habría sido una opción inteligente también desde la perspectiva moderantista que había asumido el PSOE. Con una jugada de ese tipo, podía vender una alianza con Ciudadanos y con Más Madrid que dejara fuera a los rojos de UP. Habría tenido toda la lógica. Era, además, lo que Más Madrid había defendido siempre: un acuerdo entre ellos, Ciudadanos y el PSOE. Era obvio que tenían que haberlo previsto. Aún me pregunto cómo pudieron fallar así.

La gestión de la moción, por lo que parece, fue más una cosa de Ábalos y de la dirección del aparato del partido; todavía hoy no concibo que no tuvieran eso previsto y atado. Con Ábalos nunca lo hablé. A Sánchez sí le comenté cómo lo veía yo, y que me parecía un error cómo se había gestionado. Su respuesta fue poner cara de circunstancias.

Iván Redondo, que no tiene un pelo de tonto, no tuvo nada que ver. Lo que sí intentó luego fue un acuerdo con Íñigo Errejón para ir juntos a las elecciones. De aquella reunión yo sé lo me contó Iván después, y entiendo la respuesta que le dio Íñigo: solo aceptaría si también entraba Podemos en la jugada. Era lógico: un acuerdo del PSOE con Más Madrid hubiera dejado a Unidas Podemos demasiado espacio en la izquierda. Ese pacto podría haber supuesto un revulsivo, pero no está muy claro quién se habría comido a quién por mucho que hubiera liderado la candidatura Mónica. Es evidente la penetración de MM en el espacio electoral del PSOE, pero una cosa es querer sustituir al PSOE y otra es que se perciba que te has fusionado con él. Creo que Errejón razonó algo parecido a lo que digo aquí y, por eso, propuso a Redondo un acuerdo a tres. ¿Habría sido razonable ese acuerdo? Nosotros no lo habríamos aceptado, pero admito que habríamos tenido un debate interesante. Era una idea que le encantaba a Jaume Roures; me la sugirió muchas veces. Hubiera sido una especie de PSUC madrileño del siglo XXI; Juliana habría escrito decenas de artículos. Pero ya digo que no hubiéramos aceptado: somos demasiado distintos al PSOE.

El planteamiento de Iván Redondo era que la candidatura PSOE-Más Madrid la tenía que liderar Mónica García. Era un planteamiento inteligente porque Mónica era mejor candidata que Gabilondo. Pero tiene toda la lógica lo que, según Iván, respondió Íñigo: ¿Alguien cree que el PSOE sería diferente con Manuela Carmena de candidata? Pero ojalá lo hubieran hecho, porque habría supuesto un revulsivo para esa parte del electorado y a nosotros nos hubiera dejado más espacio. La política cambia muy deprisa y Gabilondo, que dos años antes había ganado las elecciones y se había impuesto a Ayuso, ya no era el mismo Gabilondo. Mientras en 2019 nadie sabía quién era Mónica García y Gabilondo representaba una figura de prestigio, en 2021 se hacían chistes sobre Gabilondo quedándose dormido. Y los chistes que hacen sobre uno tienen siempre mucho interés político. Se había construido mediáticamente que Gabilondo no había hecho oposición, que había estado dormido durante la pandemia y que él lo que quería era irse de Defensor del Pueblo, como finalmente ocurrió. El PSOE no tenía un candidato competitivo porque la política va muy deprisa. Dos años antes, el candidato de Más Madrid había sido Íñigo, pegado a Manuela en la papeleta. Pero dos años de buen trabajo parlamentario de Mónica, con La Sexta y la SER apoyándola cada día, habían convertido a la candidata de Más Madrid en una figura con muchísimo prestigio y potencialidades electorales. Mientras tanto, a Isa Serra le habían montado un proceso judicial falso para condenarla e inhabilitarla. La justicia no es igual para todos y el tratamiento mediático tampoco es igual para todos. De esto se da cuenta cualquiera.

De todo esto se puede sacar una lección importante: La foto de hoy de quiénes son los amados y los odiados, los conocidos o los desconocidos, puede ser muy diferente en solo dos años.

Otro ejemplo muy claro de esto es Ciudadanos, que tuvo que recurrir a Edmundo Bal como candidato paracaidista, y ni aun así lograron entrar en la campaña, y mucho menos en la Asamblea de Madrid. En 2019, fueron la tercera candidatura más votada, con casi un 20% de los votos y a menos de tres puntos de superar al PP. Todo va a velocidad de vértigo en estos años.

El voto de Cs no se repartió, como algunos podrían esperar, entre el PP y el PSOE. No hubo voto de centro y, en realidad, Ciudadanos ya no era un partido de centro. Las tres derechas en España tienen hoy tintes discursivos de ultraderecha. En un contexto de auge reaccionario frente al independentismo catalán y frente a Unidas Podemos, más aún cuando logramos entrar al Gobierno, los códigos ideológicos de las tres derechas políticas y de buena parte de la derecha mediática son códigos en clave ultra.

No hay ya códigos discursivos en clave liberal o clave moderada; el electorado de Cs solamente podía ser de la derecha y la ultraderecha. Si hubiera un espacio moderado, se podría decir que una candidata tan ultra como Ayuso se iba a dejar muchísimo espacio por el centro. Pero el centro se terminó, al menos en Madrid. Para entenderlo basta con darse cuenta de que el discurso reaccionario y de ultranacionalismo español de Ciudadanos fue el que puso la alfombra roja para la llegada de Vox.

El PSOE hizo un diseño errático de su campaña, con Gabilondo diciendo aquello de «no gobernaré nunca con Iglesias». Al principio, intentaron ir a por ese electorado moderado. Y, luego, Redondo se da cuenta —porque es Redondo quien lo rectifica— y plantea que la clave es ilusionar a la izquierda, decir que vamos a cooperar, que vamos a estar juntos.

Creo que la propuesta que lanzamos para una coalición de Más Madrid y de Unidas Podemos, de haberse llevado a cabo, habría sido una buena idea. Habría facilitado las cosas para lo que hay que hacer ahora, habría sido la mejor semilla para trabajar después en la misión de reconstruir ese espacio.

Creo que es algo que, en algunos sectores de Más Madrid, se valoró y, en sus primeras declaraciones pareció que Mónica dudaba. Pero cuando tomaron la decisión salieron, de forma no demasiado amable, con aquello de: «hablaremos de todo sin imposiciones y a ser posible, sin mucha testosterona». Vista esa respuesta tan poco amable, lo mejor era cerrarlo cuanto antes. Si se lograba, habría podido funcionar bien. Pero, si no ocurría, tenía que quedar finiquitado lo antes posible y que cada uno siguiera trabajando por su cuenta.

Con esa propuesta a MM nos lanzamos sin red porque intentar preparar el terreno con ellos habría supuesto que cualquier periodista lo pudiese haber publicado antes. En política ya no se puede preparar el terreno como antaño porque se consigue lo contrario de lo que se pretende. El nivel de promiscuidad entre cuadros de partido y periodistas que les siguen es tal, que cualquier intento de anticipar las situaciones se convierte en una noticia. Incluso se convirtió en noticia la propuesta de Iván Redondo a Más País para ir juntos. Obviamente, como siempre, alguien lo filtró.

Les propusimos unas primarias, pero yo habría aceptado sin problemas ser el número dos de Mónica García si lo hubieran planteado como exigencia. Era algo que me podía permitir perfectamente. En los días previos nos habíamos planteado las diferentes situaciones que podían darse a partir del 4 de mayo en función de los resultados. Una de ellas era que hubiéramos superado al PP y a Vox en escaños y, por tanto, hubiéramos tenido que hacer un gobierno los tres. Entonces, nos habríamos sentado a hablar Gabilondo, Mónica y yo. Tengo la completa seguridad de que ambos me habrían planteado que me retirara. Me habrían dicho que, aunque fuera el tercer partido, el más pequeño de esa hipotética coalición, mi presencia en el gobierno autonómico podía generar un ambiente y una dinámica negativa para el ejecutivo. En ese escenario tenía decidido aceptar el veto. Como en 2019. Si el problema soy yo, pues habrá otra persona representando a Unidas Podemos. Habría aceptado ser vicepresidente segundo del gobierno de la Comunidad de Madrid si hubiéramos ganado, pero no habríamos tenido problema en aceptar un veto. Yo ya era entonces una figura política desgastada, habría sido mucho más útil proponer a alguna compañera.

Un prestigio democrático de Podemos

Las elecciones del 4M tendrán algunas consecuencias para Madrid. Hay que asumir que, a corto plazo, las cosas están más difíciles que nunca. No se combaten años de unos determinados marcos mediáticos simplemente con un buen diseño de campaña.

¿Cómo no van a ser sensibles la mayoría de los electores a una estructura mediática del poder que no para de bombardear en un sentido concreto? La clave para entender cómo piensa la gente, cuáles son los temas, cuáles son los marcos y cuáles son los mensajes, está en los medios de comunicación existentes. Y esa correlación mediática de fuerzas tan abrumadamente favorable a la derecha ¿cómo no va a tener a la larga consecuencias electorales?

Quién gana las elecciones es algo que condicionan mucho los jefes de los medios. Aunque es verdad que hay veces que se producen fallos del sistema. Es lo que ocurrió antes de las elecciones de 2014. Si entonces alguien se hubiera podido imaginar que aquel chaval de la coleta que daba mucha audiencia iba a montar un partido político, ¿me hubieran llamado a todas partes? No creo.

Aquellos años fueron una época de crisis generalizada, pero no se percibía ningún tipo de amenaza electoral.

Incluso el hecho de que yo apareciera con aquel discurso era ambivalente: daba audiencia y la derecha entendía que eso desgastaba al PSOE.

Ese fallo del sistema permitió que se les colara el coletas y tuvo una consecuencia electoral en unas elecciones muy particulares, como son las europeas. Pero a partir de ahí ya empezó la guerra de desgaste. El fin de Podemos se viene anunciando desde las elecciones catalanas de septiembre de 2015, en las que no tuvimos unos buenos resultados. Desde entonces hay un relato mediático machacón: están muertos, están muertos, están muertos. Un relato que cala incluso a la interna. Recuerdo un Consejo Ciudadano después de esas elecciones catalanas de 2015 en el que alguien, no diré quién, planteó precisamente que se había acabado el ciclo de Podemos.

Desde ese momento, la estructura de poder mediático no ha hecho sino radicalizarse. Y a nosotros no han parado de darnos caña desde entonces. Si bien es cierto que al principio había un contexto en el que la situación del PSOE era la que era, lo que nos daba margen para poder movernos. En 2015 y 2016 todavía no se había exacerbado tanto el enfrentamiento de los independentistas catalanes con el Estado, lo que también nos daba margen.

Pero nadie aguanta una dinámica de desgaste sostenido de ocho años. Ocho años de Venezuela, de Irán, de querellas y de una autoconciencia en los medios de comunicación de que ellos van a la guerra contra nosotros. Hace ocho años se respetaban formas que ahora no se cumplen. Y eso termina teniendo efectos políticos. Que los bulos, las *fake news* y el estado actual del propio periodismo sean hoy un objeto del debate público, revela cómo ha cambiado la política en estos años.

Ante el 4M nuestro problema no era la candidatura de Isa Serra. Con ella podíamos haber aguantado en las urnas. El problema era que la iban a inhabilitar judicialmente. Y después de lo que ha pasado con Alberto Rodríguez, no tengo dudas de que, si hubiera sido la candidata, habrían buscado la forma de inhabilitarla.

Ante la perspectiva de que te puedan quitar a tu candidata en mitad de la batalla nos surgía otro problema, y es que nosotros no teníamos perfiles conocidos. Podíamos haber quedado fuera de combate, pero mejoramos el resultado. Para haber salido sido perfecto tendríamos que haber sumado lo suficiente para contener a la derecha pero se demostró que no había masa electoral para hacerlo en aquel momento. Logramos el objetivo increíble de la participación. Lo conseguimos. Y creo que el diseño de nuestra campaña sirvió para lograrlo, pero se demostró que la derecha es hoy claramente mayoritaria en Madrid. Que teniendo niveles de participación inéditos, la derecha ganaba también.

Ahora lo sabemos. *A posteriori* supimos que no era posible conseguirlo. Pero el resto de objetivos que nos planteamos sí se cumplieron. Hicimos una transición muy rápida que a todo el mundo gustó, en el liderazgo del espacio político, y salvamos el *match ball* en Madrid. Además callamos las bocas de quienes decían que me quería aferrar al sillón. Y no era la primera vez. Es, en realidad, una forma de entender la política que los adversarios nunca comprendieron. Siempre he tomado las decisiones que me han parecido políticamente más adecuadas sin ningún miedo a que ello implicara el fin de eso que llaman tu «carrera política». Cuando Sánchez planteó en julio de 2019 que el problema era yo, me retiré para que hubiera un Gobierno de coalición sin mí. Luego no mostraron mucha voluntad de negociar, porque lo tenían al alcance de su mano. Si hubieran sido un poco más generosos en la negociación de responsabilidades y competencias, habrían llegado a tenerlo. Y no hay que olvidar que, en ese momento, Irene Montero renunció a ser vicepresidenta. No conozco a mucha gente que con semejante propuesta en el bolsillo ponga la razón política por delante de la vanidad.

No era, como digo, la primera vez que me quitaba de en medio. ¿Tenía sentido hacerlo para lograr un Gobierno de coalición? Sí, y lo hice. ¿Hubiera tenido sentido en otros momentos? Sí, y también lo hice. Si en febrero de 2017 hubiera perdido en Vistalegre 2, me habría ido. Lo dije desde el principio: yo me iba a mi casa feliz de la vida. Pero, ojo, no lo reivindico como un mérito ético. Para mí, ser político, en el sentido de ocupar cargos públicos y de partido, no fue nunca mi mejor opción de vida, aunque algunos no lo puedan comprender.

Con todos estos ingredientes planteamos una campaña con el mismo estilo que las de 2019. La estrategia partía del siguiente planteamiento: decir la verdad. Aunque la verdad fuera rocosa, aunque la verdad fuera árida. Mi propia figura ya no tenía espacio para hacer otro tipo de cosas. Lo que se esperaba de mí es que fuera el candidato que se atreve a decir o a hacer cosas que los demás no.

Hay un momento que lo ejemplifica de forma muy clara, transparente: cuando en el debate de la SER digo que se ha terminado lo de debatir con los provocadores de ultraderecha. ¿Eso lo habrían hecho los otros candidatos? No. De hecho, Mónica y Ángel se quedaron allí debatiendo con Vox hasta que sus propios equipos, después de ver lo que estaba ocurriendo en las redes sociales, les dijeron que tenían que salir de ahí. Solo entonces salieron.

Ese era nuestro estilo. Era nuestra forma de actuar. Creo que durante la campaña de mayo de 2021 se consolidó un tipo de prestigio que diferencia a Podemos de otras formaciones. Hicimos una lista con candidatos de enorme valor ético. El resto de partidos presentaron listas más previsibles, llenas de diputados que repetían. Nosotros, no. Nosotros llevábamos al portavoz del sindicato de manteros, Serigne Mbayé; a una abogada activista de la PAH, Alejandra Jacinto, y habíamos recuperado a una figura del sindicalismo más combativo de este país, Agustín Moreno, que ya estaba jubilado y que había sido una referencia de las plataformas de defensa de la educación pública cuando era profesor de secundaria.

Para mí, la del 4M fue una de las campañas más bonitas por su dificultad y por la épica a la que obligaba. La disfruté mucho, fue muy verdadera. Fue el Podemos que me gusta a mí: el que dice «aquí estamos» y «vamos a darlo todo» con gente decente. Hemos sido capaces de darle un revulsivo a algo que parecía que estaba perdido desde el principio y estamos diciendo lo que nadie se atreve a decir.

Y, de nuevo, como siempre desde la fundación de Podemos, con todos los poderes mediáticos contra nosotros. Algo que, en realidad, hoy por hoy es un elemento de prestigio democrático. Para mí siempre ha sido un honor que los grandes referentes del poder mediático me convirtieran en objetivo a batir. Uno al final es los enemigos que tiene.

Las amenazas de muerte

Como decía, uno de los momentos de los que más orgulloso me siento de la campaña, fue cuando me levanté de la mesa del debate de candidatos que había organizado la cadena SER después de que la representante de Vox se negara a condenar las amenazas de muerte que habíamos recibido.

Mi reacción estaba pensada. Pero estaba pensada solo un ratito antes. Me enteré de lo que había dicho Monasterio mientras me hacían una entrevista en *Televisión Española* previa al debate. La dirigente de la ultraderecha no solo no condenó las amenazas contra el ministro del Interior, la directora de la Guardia Civil y contra mí, sino que las puso en duda. «Del Gobierno ya no nos creemos nada», dijo. «De Pablo Iglesias me creo poco. Cada vez que vemos algo que dice Pablo Iglesias lo ponemos en duda, nos ha engañado», insistió[1].

Cuando terminé la entrevista me llamó Manu Levín, codirector de la campaña, junto a Isa Serra, y secretario de Discurso de Podemos. «Tío, ¿que hacemos con esto?», me dijo. Fuimos hablando por teléfono en el camino que hay desde Prado del Rey a la SER, pero el planteamiento estaba claro: no puedo aceptar que esta señora cuestione que hemos sido amenazados de muerte. Llegué a la SER y me reuní con Isa Serra y con Manu. Les dije: «Creo que lo que tenemos que hacer es que yo le exija a Monasterio que rectifique y, si no rectifica por haber puesto en duda las amenazas, nos vamos». Lo veían como yo. Y así lo hicimos.

Creo que fue un elemento de dignidad democrática que, además, va a funcionar en el futuro. Después de ese debate veremos lo que pasa con cualquiera que acepte sentarse con Vox a debatir. No es una decisión legal, no se trata de prohibir ni de vetar a nadie. Es, por el contrario, una decisión política: no debatimos con quien miente descaradamente ni con quien pone en duda la violencia y las amenazas.

Todo lo que ocurrió cuando me levanté de la mesa del debate de la cadena SER fue muy intenso. Angels Barceló estaba muy nerviosa. Y, aunque no es alguien que nos haya tenido particular cariño en estos años, en ese momento se posicionó humanamente con nosotros. Yo eso se lo noté y le doy mucho valor por venir de una periodista muy crítica con Podemos y conmigo.

Creo que su reacción fue sincera y humana, y se lo agradecí. Desde ese día nos llevamos mejor. Luego, en los despachos de la SER hubo sus más y sus menos con algunos de los directivos de la radio. No les parecía bien que dejáramos el debate, pero creo que hicimos lo correcto.

Aquel gesto del debate deriva, claro, de las amenazas de muerte que recibimos, que formaban parte de la lógica de acoso que vivía, pero lo que hizo que esta amenaza en concreto me la tomara más en serio que otras fue que me llamó Marlaska en persona, cuando yo ya no formaba parte del Gobierno. Yo recibía muchas amenazas, pero cuando el ministro del Interior me llamó para decirme que esta en concreto no les gustaba nada, lógicamente me preocupé mucho. No soy un experto en investigaciones policiales, pero que a la directora de la Guardia Civil, al ministro del Interior y al candidato de Unidas Podemos a la Comunidad de Madrid les llegue una amenaza de muerte que, según el Ministerio del Interior, «había que tomarse en serio» y que aún no se haya encontrado a los autores, no es algo de lo que nadie pueda enorgullecerse. No sé si se pueden hacer deducciones, creo que hay que ser prudente, pero no han encontrado a los autores de una amenaza que el ministro decía que iba en serio. Nunca lo he vuelto a comentar con Marlaska. La investigación está cerrada: impunidad una vez más.

Pero había precedentes casi peores. Antes de estas, hubo otras amenazas. De algunas sí sabemos quienes son los responsables y tampoco sufrieron consecuencias. Recuerdo una muy fuerte con un vídeo que corrió por grupos de WhatsApp de policías y guardias civiles donde se veía a un señor disparando, en lo que luego se supo que era una galería de tiro privada de Málaga, contra unas dianas donde estaban las fotografías del presidente del

Gobierno, de Irene Montero, de Pablo Echenique, de Marlaska y también una mía.

La diferencia es que esto sí sabemos quién lo hizo. Era un exlegionario, es decir, un exprofesional de nuestras Fuerzas Armadas que, además, había sido seguridad privada de Vox. Ahí están los vídeos en los que aparece con pinganillo en un mitin de Vox.

Y la Audiencia Nacional lo archivó. Se queda uno tranquilísimo cuando los jueces archivan la causa porque, según dijeron, no hubo premeditación... Y porque el militar dijo que estaba arrepentido y que lo hizo «por pasar el rato y matar el tiempo».

Además, según se publicó cuando fue detenido, el exmilitar no tenía permiso de armas[2]. Antes de que la Audiencia Nacional archivara el caso, el autor de los disparos tuvo que ingresar en prisión para cumplir una condena pendiente por violencia de género[3]. Y no eran los únicos antecedentes que tenía.

¿Qué hubiera pasado si un joven vasco simpatizante de Bildu hiciera exactamente lo mismo, pero con una foto de Lesmes, con una foto de Marchena o con una foto de Enrique Arnaldo? ¿Lo archivaría la Audiencia Nacional? Creo que todos sabemos la respuesta.

Aquello ya no iba solo de mí o de Podemos. Ni de que Echenique e Irene se hayan convertido en receptores de todo el odio de la ultraderecha. Ahí estaban el presidente del Gobierno y el ministro del Interior que, además, había sido previamente miembro del Consejo

General del Poder Judicial a propuesta del PP y que había ganado fama por sus actuaciones como juez contra ETA. Y quedó en nada. En un país donde hay raperos condenados a prisión, donde se encarceló a unos titiriteros por una obra infantil. La impunidad de la ultraderecha es escandalosa.

Trumpismo a la madrileña

Pese a todo lo que ocurrió en la campaña, las amenazas, al plante a Vox en la SER y al desarrollo del debate de *Telemadrid,* no conseguimos afectar a las fuerzas de Ayuso.

No había comunicación entre los electorados. El proceso trumpista que se ha producido en la política española hace que las diferentes comunidades no se hablen. Las comunidades culturales cada vez son menos permeables entre sí. Ayuso, cuando dice algo de nosotros, lo dice para reforzar a su electorado, no para afectar a lo que piensa el nuestro. Es algo que ya ha ocurrido en Estados Unidos. Ya no hay votante medio. Antes existía una enorme bolsa de votantes en disputa de las dos grandes formaciones políticas, y por eso los politólogos decían que había que «tender hacia el centro». Eso se ha acabado. Cada vez hay comunidades culturales más cerradas y se están convirtiendo, poco a poco, en comunidades de nicho. Pero ya no hay comunicación entre entre amplios sectores de la población, con una excepción que sigue siendo relevante pero declinante, las personas de las franjas de más edad, que son muy determinantes en los resultados electorales, porque son muchísimos y todavía consumen masivamente productos mediáticos generalistas.

La mayor parte de la gente tiene decidido el voto de antemano y una campaña, o un debate, lo que puede es decidir dentro de comunidades ideológicas afines, pero ya está. En el debate de *Telemadrid* pusimos en duda el personaje de Ayuso que se había creado, pero lo hicimos para la izquierda. Lo que pasa es que a ella eso no le viene mal.

Ayuso es un personaje impresentable para la gente de izquierdas. Si uno lo compara con los antiguos dirigentes del PP o con algunos actuales de otros territorios como Feijóo, vemos que Ayuso puede resultar odiosa para la gente de izquierdas. Es la candidata trumpista que produce desesperación en una parte del electorado progresita. Es lo mismo que le ocurre a Diane Lockhart, la protagonista de *The Good Fight*. La izquierda se dedica a decir: «mira, no sabe ni hablar». Pero en el espacio cultural de Ayuso esas críticas de la izquierda no le afectan.

Precisamente por eso, fue un error aquel acto de Sánchez y Ayuso en la Puerta del Sol, con todas aquellas banderas de España y de Madrid colocadas detrás. Esa imagen convirtió a Ayuso en jefa de la oposición.

Por eso hacer política es trabajar en la guerra cultural. Y eso implica que los principales dispositivos de socialización política son los que son. Y hay que tratar de cambiar esa correlación. Esto siempre ha sido muy importante en la política, pero ahora es absolutamente central, determinante. Más que nunca. O se hace ese trabajo, que es un trabajo del día a día en el que vas cuidando a tu comunidad y tu comunidad va creciendo, o es muy difícil.

No es fácil competir con el bloque cultural-mediático de la derecha. Pero si además del bloque cultural de la derecha, buena parte de los medios de izquierdas son propiedad también de grupos económicos que comparten los objetivos de la derecha, la cosa se complica más, como es el caso de La Sexta. Porque si incluso el planteamiento de muchos grupos mediáticos progresistas es que, en realidad, lo preferible sería una recomposición de consensos de Estado entre los dos grandes partidos, el hueco que te queda es enormemente estrecho. Ni siquiera elDiario.es, que es el digital más importante que leen los votantes de Unidas Podemos, es inequívoco en esto. No quiero ofender a nadie diciendo esto, lo digo pensando políticamente. Buena parte de la gente que define hoy la línea editorial de elDiario.es hace unos cuantos años se hubieran identificado con las líneas editoriales de los medios del grupo Prisa. Es absolutamente legítimo. Cada quien decide la línea editorial de su medio, pero revela que la correlación mediática de fuerzas es devastadora para Unidas Podemos.

El espacio que queda es enormemente estrecho y auguro que van a volver a intentar la misma operación después de las próximas elecciones. Si vuelve a haber suma para reeditar el Gobierno de coalición, veremos cómo se equivocan los que sostienen que la cultura de la coalición ya está asentada. Creo que lo que intentará el PSOE es sacar adelante la investidura sin Gobierno de coalición, ofreciendo acuerdos programáticos parciales a las fuerzas de la izquierda y llegando después a grandes consensos de Estado con el PP. ¿A cambio de qué? De garantizarle al PP que les dejarán gobernar si tienen un resultado electoral que lo permita, sin tener que meter a Vox en el Consejo de Ministros. La mayoría de los medios de comunicación en España apoyará este planteamiento. Pero, aunque el premio pueda parecer interesante para el PP —deshacerse de la ultraderecha— no van a poder aceptarlo. Ese es el error en el que sigue empeñado el PSOE. Vox ya tiene lo importante, que es la victoria ideológica. En el momento en el que el PSOE y el PP jueguen a repartirse el pastel, Vox crecerá y crecerá, y el PSOE volverá entonces al escenario de 2014-2015, donde lo tuvieron muy complicado.

El mensaje del 40º Congreso, que se puede resumir en la idea «vuelve el PSOE de toda la vida, vuelven los nombres de toda la vida, vuelve Felipe González, vuelve el PSOE caoba», creo que responde a lo que quieren hacer. Pero la política siempre es una tensión entre lo que querrías hacer y lo que efectivamente puedes hacer. ¿Qué es lo que le hubiera gustado hacer al PSOE y a Pedro Sánchez? Gobernar con Ciudadanos. ¿Qué es lo que acabaron haciendo porque no les quedó más remedio? Gobernar en coalición con Unidas Podemos y hacer al maldito coletas vicepresidente. Pero, cuando vuelvan a tener la oportunidad y se repartan las cartas otra vez, insistirán en hacer lo que quieren hacer. Y es legítimo. En política hay pocas cosas definitivas. El resultado, ahora, es el que es. Con la correlación de fuerzas actual, esto es lo que hay, pero todo puede cambiar. Hay que recordar que en Madrid pudo haber ganado la izquierda hace bien poco. En 2015, en un contexto muy específico, cuando ganamos con Carmena en el Ayuntamiento. Si IU hubiera llegado al 5% de los votos para la Asamblea —se quedó en el 4,21%— se habría logrado probablemente un Gobierno progresista también en la Comunidad de Madrid.

Por eso digo que el trabajo fundamental es el cultural. Si hay algo que no entiendo de la gestión de aquel Ayuntamiento de Carmena es que la famosa radio que se montó no fuera una radio de verdad y la convirtieran en una especie de «escuela de radio». Eso tenía que haber sido una radio. Tenía que haberse producido, a mi juicio, un trabajo en el ámbito de la cultura y de los medios, y, al mismo tiempo, un cuidado de todas las piezas políticas que eran imprescindibles. ¿Se puede recuperar? Hay que intentarlo, pero la correlación, ahora, es enormemente difícil.

El último discurso, la última canción

La campaña la cerramos el 2 de mayo en el barrio de Vicálvaro. Sabía que aquel podía ser mi último discurso como secretario general y como figura política. Podía serlo incluso si ganábamos a Ayuso, porque era consciente de que me podían vetar.

Ahí quise ser todavía más claro de lo que solía ser respecto a qué había sido Podemos, qué habíamos hecho en estos años y cuáles eran para mí las claves de la política. En ese discurso mencioné al historiador Manuel Tuñón de Lara, quien explicó que en España se constituyó en el siglo XIX un bloque de poder que ejerció la dirección de Estado. En cierta medida ese bloque ha perdurado hasta hoy. Allí también rememoré un comic que leí siendo muy jovencito y que me impactó mucho. Creo que me lo pasó Rafa Mayoral cuando era mi responsable político en el colectivo Moratalaz de las Juventudes Comunistas allá por el año 94 o 95. Era una historia de los dibujantes Ivá y Giménez en la que aparece un atleta, con una camiseta de tirantes con la hoz y el martillo, que corre en zigzag. Después se ve a dos señores con prismáticos que le miran desde lo alto de un rascacielos y uno le pregunta al otro: «¿por qué corre en zigzag?». Y el otro le responde, «porque sabe que hay varios francotiradores apuntando a su cabeza, señor marqués».

En aquel último mitin dije: «Nacimos hace siete años como fuerza política, perfectamente conscientes de cuál era la correlación de fuerzas. Con plena voluntad de cambiarla. Con todas las dificultades, con todos los francotiradores apuntándonos, siendo conscientes además de lo posible, de que en una coyuntura como esta de lo que se trata es de asegurar que algunos de los principios sociales de la Constitución no fueran mera palabrería, sino que sirvieran para proteger a la gente. Hemos sido capaces de cuestionar el monopolio en el dominio del Estado por parte de ese bloque de poder que llevaba mandado muchísimo tiempo. Y claro, hacer eso tiene su precio».

Ese discurso tuvo algunos elementos personales que se agotaban conmigo. La época nueva que se abre implica que los discursos deben ser muy distintos y no tendría sentido que alguien dijera hoy las cosas que yo dije en aquel momento.

Debía decirlas porque ese análisis ha contribuido mucho a definir a los militantes de Podemos y de Unidas Podemos, que ya son militantes acostumbrados y educados en unos estilos y unos análisis muy concretos. Estoy orgulloso de esa militancia.

Un error que ha cometido mucha gente de la izquierda en los últimos tiempos es menospreciar cómo piensa la militancia de Podemos. Hay quien pensaba que con la

Sexta y la SER se podían ganar unas primarias internas. Muchos han tratado de operar desde fuera, pero tenemos una militancia cada vez más impermeable a los estilos de cierto progresismo mediático. Es algo de lo que, como digo, me enorgullece.

Ese discurso era también un regalo para ellos y ellas, para nuestros militantes. Una forma de decirles, esto somos nosotros compañeros. Hemos conseguido hacer lo que nadie había conseguido hacer en este país. Esta es la receta, este es el análisis, así es como hemos planteado las cosas, no hemos necesitado usar la hoz y el martillo, ni estrellas rojas para entender las principales lecciones del movimiento comunista. Y nos enorgullece haber despertado aun así el peor anticomunismo, porque son tus enemigos los que te definen.

No era la primera vez que sucumbí a la tentación narcisista de dejar algún mensajito para los historiadores. Como aquel «el cielo se gana por asalto» que se llevó los titulares de la I Asamblea Ciudadana de Podemos, en 2014. Ese narcisismo es mi orgullo, el orgullo por venir de donde vengo, por ser hijo y nieto de quien soy. Soy el hijo y el nieto de perdedores de la lucha política española y, no obstante, he podido decirles unas cuantas verdades a los vencedores de la historia de España desde la televisión, desde el Congreso y, finalmente, desde el Gobierno de España. «Todo está en Freud y en Lacán», dirán los psicoanalistas... y quizá tengan razón. Aquí hemos venido a estudiar sí, pero nunca nos temieron por estudiar, sino por poner el estudio en acción. Quería dejar alguna señal, dar alguna pista a un grupo muy concreto, explicarles de dónde venimos y hacia dónde deberíamos ir. Y puede que nos derroten, que es lo normal y lo lógico. Lo previsible a la vista de la correlación de fuerzas es que nos derroten. Con todo, quise que algunos supieran cuáles son los pasos que dimos y cuál era nuestro proceso de análisis.

Llegó el domingo y, lo que era imposible, no sucedió. Los resultados electorales los seguimos en la sede del partido. Cuando ya estaban claros, me reuní con el grupo más cercano para decidir cómo hacer lo que tocaba hacer. Manu Levín no era partidario de anunciar la dimisión esa noche y planteó esperar algunos días. Yo le dije que estaba de acuerdo con él en casi todo, pero en esto no. Creo que es una de las pocas veces en que la razón la tuve yo y no él.

A continuación, reuní a la ejecutiva de Podemos y a Juan Carlos Monedero —Juan Carlos es Juan Carlos y debía estar—. No estaba de acuerdo con mi dimisión, pero en esa ejecutiva todos me conocían mucho. Había algunos que lo intuían desde el principio y entendieron perfectamente las claves del análisis y del planteamiento. Podía ser doloroso para algunos, pero era evidente que era lo correcto. Allí expliqué que, en mi opinión, había que apostar por Ione para liderar Podemos. Irene hizo una intervención muy emotiva poniéndose a las órdenes de Ione.

Luego, bajé a la sala de prensa, donde esperaban los periodistas. Me subí al escenario con el resto de compañeros de la candidatura y con algunos de los miembros de la ejecutiva del partido y anuncié mi dimisión: «Dejo todos mis cargos. Dejo la política entendida como política de partido y como política institucional».

Aquel breve discurso se cerró con un par de versos de *El Necio* de Silvio Rodríguez: «Yo no sé lo que es el destino / Caminando fui lo que fui».

La letra de la canción es muy clara. Era una manera de decir que a mí no me habían comprado y que me iba muy orgulloso. Otro exceso de vanidad, pero creo que este me lo había ganado.

Dicen que me arrastrarán por sobre rocas
Cuando la revolución se venga abajo
Que machacarán mis manos y mi boca
Que me arrancarán los ojos y el badajo.

Será que la necedad parió conmigo
La necedad de lo que hoy resulta necio
La necedad de asumir al enemigo
La necedad de vivir sin tener precio.

La mejor prueba de que no me pudieron comprar ni cooptar es que me han odiado y me han atacado con una rabia atípica. Ese es mi mayor honor. Uno al final es los enemigos que tiene. Los amigos, también, pero, sobre todo, los enemigos: un cobarde inteligente y con encanto puede, al fin y al cabo, tener muchos amigos. Además, todos somos el mejor abogado de nosotros mismos. Todos buscamos nuestras propias coartadas, nuestras propias justificaciones. Es raro que reconozcamos nuestra mezquindad o nuestra hipocresía, por eso hay que buscar elementos objetivos. Creo que el más objetivo es mirar a quién tienes en contra. Haber tenido a ese tipo de enemigos que tuve es, como digo, mi mayor honor y esa canción era una manera de reivindicar algo que era nuestro. Con todos mis defectos, empezando por los de carácter que son enormes y que además son muy evidentes porque no los sé disimular. Pero con el inmenso orgullo de venir de donde vengo, de ser hijo y nieto de quien soy, y de que a mí ni siquiera me han intentado comprar. Es un honor.

Al terminar, con un «hasta siempre», bajé del escenario y subimos a la azotea de la sede. Allí nos tomamos unas cervezas y me abracé con los compañeros. Muchos lloraban. El que más, Dani Guzman. Fue muy emocionante.

Yo estaba ya muy contento porque ahí ya sí que contaba lo personal más que lo político. Nos fuimos a casa. Me abracé mucho rato a Irene, que se fue a dormir. Ella sí tenía que seguir arrastrando un marrón considerable. Yo me puse un *whisky* y me fumé un cigarrito de liar en el porche. Estaba feliz, muy satisfecho de esos siete años a pesar de todo lo que sufrí y, sobre todo, muy ilusionado con lo que venía. Mi padre estaba triste y, una vez más, enfadado con la historia, pero yo había cumplido de sobra ya con él, con Freud, con Tuñón de Lara y con la venganza familiar de los derrotados injustamente. Mi madre estaba muy contenta; las madres quieren sin condiciones y ella sabía como nadie lo que había sufrido su hijo.

A la mañana siguiente, los niños tenían escuela, así que estuve solo en casa un montón de horas. Y pensé: «Dios mío, qué maravilla. Lo que me he quitado de encima». Ahora tengo una vida que me encanta; trabajo en lo que me gusta: escribo, hago el pódcast y colaboro como analista en algunos medios. He vuelto a la universidad como investigador y espero poder volver a dar clases. Me preocupa mucho la situación política, pero disfruto como nunca de la familia y de los amigos, y dicen que hasta se me ve más joven. Qué más se puede pedir.

QUINTA PARTE

LA PANDEMIA

El ascenso de Unidas Podemos al Gobierno coincidió en el tiempo con el estallido de una pandemia que, dos años después, mantiene en jaque los sistemas sanitarios, sociales y económicos del mundo. Una tragedia de dimensiones históricas e insospechables, a priori, *imposible de contener y extremadamente difícil de gestionar.*

¿Cuándo fueron conscientes de la que se venía? ¿Cuáles fueron las principales discusiones en las largas reuniones del Gabinete de Pedro Sánchez? Pablo Iglesias se guarda algunos secretos: unos, por imperativo legal; otros, por precaución; los menos, por autoprotección. Pero es el primer exministro del Ejecutivo que aborda largo y tendido lo ocurrido por culpa del SARS-CoV-2.

La pandemia también fue utilizada para atacar al Gobierno de coalición y a sus integrantes. Algunas veces de forma legítima, incluso en medio de un drama que ha costado decenas de miles de vidas en España. Pero sirvió, además, para poner a pleno rendimiento la maquinaria policial, judicial y mediática contra quienes habían osado entrar a un lugar que, al parecer, les estaba vetado. «La pandemia ha servido también para que veamos el nivel de degradación de nuestra democracia y, en particular, de los poderes mediáticos, que, para cualquiera que tenga un mínimo de información, es algo absolutamente impresentable», dice Iglesias.

El primer intento fue usar la manifestación del 8 de marzo de 2020, no tanto contra Podemos, como contra el PSOE y Fernando Grande-Marlaska. Para ello, se crearon testimonios falsos que la Guardia Civil incluyó en informes destinados a montar una causa judicial contra la cúpula de Interior en Madrid. La casualidad, o no, hizo que la misma comandancia fuera la responsable de la protección de la casa de Iglesias y Montero, de colocar en su puerta una webcam *abierta a cualquier persona en todo el mundo o de acudir a un supermercado próximo a la vivienda a reclamar, sin orden judicial, unas imágenes grabadas por las cámaras de seguridad.*

Pero la pandemia también sirvió para empujar hacia un cambio de época, una revisión del paradigma de austeridad que marcó la gestión de la crisis desatada entre 2010 y 2012, cuyas heridas apenas comenzaban a curar cuando llegó «el bicho».

Europa abrió la mano y aceptó una expansión del gasto que permitió la implementación de medidas como el ingreso mínimo vital, cuya puesta en marcha supuso más de un dolor de cabeza para los implicados e, incluso, alguna discusión pública en los pasillos del Congreso.

Lo que queda sin resolver es lo sucedido en las residencias de ancianos durante la primera oleada de la pandemia. Una de las espinas que Iglesias tiene clavada por el relato que le señala como responsable de la desatención y la falta de medios que provocó la muerte de miles de ancianos en toda España.

A.R.

Estado de alarma

La acción del primer Gobierno de coalición de la historia reciente de España estuvo marcada desde el principio por la crisis sanitaria, primero, y por la social y económica, después, provocada por un virus que, desde Asia, se extendió por todo el mundo: el SARS-CoV-2.

Recuerdo con enfado la llegada a nuestro país de la pandemia provocada por el coronavirus. Desde que comenzaron a llegar las primeras informaciones fue evidente que teníamos una preocupación mayor que el sector socialista del Gobierno, quizá porque nos habíamos estudiado mucho la posibilidad de una gran crisis económica. Es posible que, por el lugar teórico del que venimos, tuviéramos más recursos para entender lo que podía implicar todo esto. Después, mucha gente nos dijo que teníamos razón.

La crisis del coronavirus motivó, de entrada, dos tipos de debate dentro del Gobierno de coalición. Muy, muy pronto, desde que el virus empezó a asomar en Asia, propuse en un consejo de ministros la creación de lo que llamábamos «equipo situacional» específico cuyo objetivo fuera prever los diferentes escenarios que se pudieran producir y anticipar las respectivas respuestas. Por supuesto, se tenía que contemplar la posibilidad de que todo iba a ir bien y de que el virus se controlara en origen, como ya había pasado en otras crisis similares unos años antes. A principios de siglo se produjeron episodios como el SARS, provocado por un coronavirus de la misma familia que el causante de la COVID-19 o la gripe aviar. La incidencia de ambas enfermedades, comparada con la crisis actual, fue mínima. Y sí, podía reproducirse el mismo patrón y que todo quedara en un susto. Pero en UP nos parecía necesario comenzar a pensar escenarios diferentes, más adversos. Porque, si llegaba lo que finalmente llegó, íbamos a tener que improvisar.

Este debate se produjo cuando los expertos todavía decían que una crisis sanitaria como la que se estaba empezando a divisar no era novedosa, que era algo que ya había ocurrido unos años antes y que entonces se había quedado localizado en Asia. En aquellos días de enero y principios de febrero se planteaba que la experiencia previa, provocada por cómo habían actuado virus similares en el pasado, hacía que los sistemas de sanidad pública estuvieran mejor preparados.

Creo que la idea del equipo situacional no se tuvo en cuenta porque la propuse yo. La lancé en una de las primeras reuniones del Consejo de Ministros, cuando todavía se celebraban en la sala que se venía utilizando de forma habitual desde hacía muchos años, y a la que yo nunca volví. Cuando dejé la Vicepresidencia, los ministros todavía nos reuníamos en la otra sala, en la grande, porque había más espacio para mantener la separación de seguridad sanitaria.

En la sala original estábamos todos pegaditos, los ministros uno al lado del otro, en una mesa ovalada que no parecía pensada para veintitrés personas. Allí hicimos cuatro o cinco Consejos de Ministros y, en uno de esos del principio, fue cuando lancé la idea del equipo situacional que fue rechazada. Los de Unidas Podemos salimos de aquella reunión muy enfadados por la displicencia con la que se trató una propuesta que, vista con los ojos de hoy, parece incluso más que pertinente.

Creo que a Iván Redondo le hubiera encantado, teniendo en cuenta el equipazo que tenía a su disposición en Moncloa, poner a doce personas a pensar en diferentes escenarios. Forma parte de cómo le gusta jugar a Redondo, es el sueño de cualquiera en su posición. Y yo pensaba que, ya que estábamos en el Gobierno, teníamos recursos suficientes para poner a gente a trabajar en situaciones que, aunque no se diesen nunca, podían conducir a conclusiones que sí fueran útiles.

Pero a mí siempre me decían que no. En este caso, su único planteamiento para rechazar la propuesta era que nunca sucedería lo que finalmente aconteció. Pero es algo que va más allá. La conclusión que he sacado de mi experiencia con el PSOE durante estos últimos años es que ellos viven en la política del día. Incluso el proyecto aquel de «España 2050» es otra forma de vivir la política del día a día porque significaba plantear cosas que no se pueden concretar, cosas para las que faltan treinta años. El problema es que no son capaces de trazar planes de país a cuatro o a ocho años vista. La cuestión territorial es un magnífico ejemplo. En el PSOE no hay ningún plan dirigido a la cuestión de qué hacer con la nueva estructura de partidos que hay en España y qué implica que en el futuro sus aliados naturales vayan a ser, entre otros, las fuerzas independentistas. En esa situación, entiendo que tendrán que abrir el melón del Estado autonómico. Habrá que tener un plan, decidir qué es lo que piensan. ¿Somos federalistas o no lo somos? La cuestión es que no tienen plan.

La política del PSOE funciona por semanas y por meses. Es una fuerza política muy de coyunturas. Tiene, lógicamente, su ideología y sus deseos, pero no planifica a largo plazo.

Su indefinición ante la cuestión territorial es evidente, pero en otros ámbitos también es muy difícil encontrar en el PSOE planes sólidos. Ellos siempre quisieron llegar a un acuerdo con Ciudadanos antes que hacerlo con nosotros, y si al final tuvieron que pactar con Unidas Podemos fue porque no les quedó más remedio. Como ya he explicado en alguna ocasión, después de las próximas elecciones, y aunque nosotros tengamos un buen resultado, volverán a intentar un Gobierno en solitario. Pero lo harán para no tener las manos atadas, que es, básicamente, como entienden que están en la situación actual de coalición con Unidas Podemos. Su pasión a la hora de llegar a un acuerdo con Ciudadanos no radica en que se hubieran puesto a discutir un plan para España con Albert Rivera y su gente, sino porque entendían que así lo iban a tener más fácil para no molestar a los grandes poderes económicos, lo que se traducía en más opciones para ellos. Pero no había un diseño. No se habían puesto a discutir con Ciudadanos hacia dónde querían ir, a dónde querían llegar, y qué querían hacer juntos en el Gobierno para lograrlo. Tampoco es algo que hayan discutido jamás con nosotros.

El segundo debate sobre la crisis del coronavirus que se produjo en el seno del Consejo de Ministros fue todavía más duro porque lo dimos cuando ya se veía que el virus iba muy en serio. En ese momento nosotros pusimos sobre la mesa la hipótesis de que se pudiera producir un crac económico. Lo comparamos con el crac del 29 y, ya entonces, planteamos que la respuesta tenía que pasar por asumir el final del paradigma de la austeridad como conjunto de políticas viables, que lo del límite de gasto formaba parte de otra época, de un mundo ya pasado, y que lo que venía supondría la implementación de medidas neokeynesianas.

No era tanto una cuestión ideológica, sino la constatación de un cambio de época. En aquel debate nos apoyó José Luis Escrivá: con él, podíamos tener todas las diferencias del mundo, pero quizá sabía más de historia económica que Calviño y que María Jesús Montero, que en aquel momento estaban en otras posiciones. Menos mal, para ellas dos, que las deliberaciones del Consejo de Ministros son secretas. No sé qué pasaría si se llegara a saber lo que dijeron allí en ese momento. Luego tuvieron que tragarse, una por una, cada una de sus palabras. Estaban sinceramente convencidas de que no habría una gran crisis económica.

No es que nosotros fuéramos más listos. Era nuestra propia formación, debido a que muchos de nosotros vengamos del marxismo. Todos los días hablaba con Nacho Álvarez y con su equipo de economistas de lo que estaba ocurriendo. Lo que oíamos nos generaba preocupación, pero también interés por lo que representaba una gran crisis como la que se estaba planteando, que es lo que habíamos estudiado toda nuestra vida.

En esos días hubo *feeling* con Escrivá porque estábamos de acuerdo. En aquellos debates, Escrivá recordabaque él había sido un «hombre de negro», como presidente de la AIReF, de los que reportaban a Bruselas el cumplimiento o no de las reglas de la austeridad impuestas por la Comisión Europea durante la crisis financiera de 2008-2012. Pero la realidad una década después era diferente. En las primeras semanas del Gobierno algunos medios de comunicación publicaron que había buen rollo entre nosotros y Escrivá, y era, básicamente, por las posiciones que compartimos en esta discusión.

Fue un debate donde quedó en evidencia, otra vez, que al PSOE le costaba mucho ver más allá del día siguiente. Era algo que se notaba especialmente en el contexto de una crisis como la que se nos venía encima. Su idea era avanzar un poco y ver qué tal esta semana, y luego a ver qué tal la próxima, y después la siguiente. Esta dinámica hizo que muchas veces se tomaran decisiones correctas demasiado tarde. Fue algo que ocurrió también con la declaración del Estado de alarma. Otra vez nosotros fuimos los primeros en decir, e insistir, en que había que hacerlo, pese a nuestra posición de defensa de los derechos civiles,

El planteamiento que le hice a Pedro Sánchez resulta evidente: «Tú sabes tan bien como yo que lo vamos a tener que hacer. Coño, si lo vamos a tener que hacer, vamos a hacerlo ya. Cuanto antes lo hagamos, mejor». Su respuesta fue que no debíamos tomar decisiones que la sociedad no entendiera en ese momento.

Y puede que tuviera razón, puede que los medios no hubieran preparado a la sociedad para entender lo que estaba ocurriendo, lo que podía significar. Pero creo que es preferible hacer una cosa que la sociedad entienda a medias antes de que la sociedad lo acabe de entender cuando empiecen a pasar cadáveres y cadáveres. Mi idea era: corramos un poco más aunque nos acusen de alarmistas.

Está claro que decir esto desde mi posición actual es muy cómodo. Lo era incluso desde mi posición de entonces. La decisión no la tenía que tomar yo, que solo podía plantear mi opinión y recomendar qué se podía hacer. El que tenía que dar al botón era él. Pero ahí había siempre una tensión en la que nosotros decíamos: «hay que correr más, hay que correr más, hay que hacerlo». Una cosa que vas a tener que hacer, hazla cuanto antes.

Pero fue durante aquel consejo de ministros del 14 de marzo de 2020 cuando fuimos plenamente conscientes de que la crisis sanitaria estaba desbordando la capacidad de gestión de los gobiernos. De todos. Aquella reunión fue larguísima. Algunos medios publicaron luego que solo el Consejo que aprobó la expropiación de Rumasa había durado más.

En la reunión hubo tensiones. Y hubo diferencias. Pero lo que me alarmó de ese consejo de ministros fue la plena consciencia de que teníamos entre manos una situación inédita. Cuando nos pasaron el papel del real decreto nos pusimos a leerlo, y todos empezamos a señalar deficiencias y cosas mejorables. Todo el mundo. Y ahí me vi coincidiendo en algunos aspectos con Nadia Calviño.

Había un detalle que nos sorprendió a la vicepresidenta económica y a mí, que era el tema de reducir la frecuencia de autobuses. Calviño y yo decíamos que si de lo que se trataba era de asegurar que los contactos físicos fueran los menores posibles, a lo mejor lo que teníamos que hacer era aumentar el número de autobuses para que la gente no tuviera que ir apelotonada y para que no se acumularan durante mucho tiempo en las paradas. A lo mejor precisamente lo que teníamos que hacer era intentar que hubiera más autobuses y más metro.

Esto es solo un ejemplo. La realidad es que estábamos ante una situación que nunca había existido, los equipos ministeriales estaban trabajando como mejor entendían que había que hacer las cosas y con una presión inaudita de los sectores económicos, que pedían que no se cerrara nada. Y, allí, mientras íbamos leyendo todos en directo los diferentes artículos, a todos nos surgían dudas. Fue uno de esos días para los que no había un manual.

Una de las discusiones de aquel consejo de ministros fue si las peluquerías se mantenían abiertas o si podían cerrar. En definitiva, si eran un servicio esencial o no lo eran. En ese debate hubo algunos elementos generacionales. ¿Quién planteó lo de las peluquerías? Pues las ministras de una cierta edad para las cuales ir a la peluquería es imprescindible. Decían que para una señora de una cierta edad quedarse sin peluquería puede afectar incluso a su dignidad. Seguro que tenían razón y desde luego yo no me lo había planteado.

En todas las horas que duró aquella reunión hubo también momentos distendidos, como cuando el presidente dijo que en Moncloa había servicio de peluquería y que quien lo necesitara podía pedir cita. Era un tema sobre el que no sabía muy bien qué decir, porque ni siquiera lo había pensado. Todavía llevaba la coleta, así que podía estar sin pasar por la peluquería el tiempo que fuera necesario. Pero sí podía ser que hubiera gente que tuviera que salir a trabajar por pertenecer a un servicio esencial que lo necesitara, y yo no tenía ni idea. Recuerdo escuchar en directo argumentos a favor y en contra de qué hacer con las peluquerías. No era una cosa fácil resolver qué era esencial y qué no, precisamente porque no había experiencia previa al respecto. Otro debate que se dio en aquel consejo de ministros fue sobre los respiradores. No había suficientes respiradores y no había capacidad industrial para fabricarlos. En aquellos días se decía en algunos ambientes de UP: «nos salvará la clase obrera porque los trabajadores de la SEAT se van a poner a hacerlos». El problema era que los respiradores que se podían hacer en esa fábrica no iban a funcionar igual de bien que los que se hacían en el lugar adecuado para ello.

Ahora se pueden escribir muchos manuales y se pueden resolver discusiones. Ahora se pueden dar soluciones a partir de la práctica que hemos acumulado. Estoy convencido de que los hospitales tienen hoy una experiencia ante determinadas situaciones de colapso que entonces no tenían.

Todas esas discusiones eran el resultado de estar frente a una situación inédita para la que hubiera sido necesario tener a gente pensando en posibilidades que, a lo mejor, no se llegarían a dar nunca. En esto los gobiernos deberían gastar dinero.

A modo de ejemplo, una locura que no estaría mal: poner un equipo del Gobierno a pensar en qué pasaría si un día llegan los extraterrestres. Esto parece un chiste y saldrán titulares tipo: «El exvicepresidente propone que Rafa Hernando planifique la llegada a España de los marcianos», pero entiéndase la broma. Ese equipo que tendría que pensar seriamente en esas situaciones, se le podrían ocurrir ideas que sí pueden servir durante una pandemia o para otro tipo de catástrofe. Porque, quizá, una pandemia es lo más parecido a que lleguen los extraterrestres, y puede haber documentos escritos por expertos y por científicos que tengan cierta rigurosidad y que nos sirvan para imaginar qué habría que hacer.

En las primeras semanas y meses se comparó lo que hacíamos los Gobiernos de los diferentes países, qué medidas se tomaban y sus resultados. Recuerdo que se decía que en España se estaba haciendo mal, pero en Alemania todo se hacía bien. «Cómo se nota que son alemanes, qué bien han hecho las cosas» era un poco el mantra. Tengo una prima que vive en Alemania, donde ha formado su familia; no se me olvida que, un día, me dijo: «Aquí estamos mucho mejor. No es como en España, que se quita todo el mundo la mascarilla y la gente habla alto». Y, sin embargo, más tarde se comprobó que en muchos momentos la situación en Alemania fue mucho peor que en España.

Lo que quiero decir es que nadie sabía qué hacer, que *a priori* era imposible saber qué modelo de gestión de la pandemia iba a ser más eficaz. Con la excepción de los países asiáticos, donde hay unos niveles de disciplinamiento social sin parangón. Esas medidas aquí no las habrían permitido los jueces, que no han permitido ni el Estado de alarma.

Salvador, Fernando y los uniformes

Que no tuviéramos un manual para saber a qué atenernos ante una crisis así no era algo que solo pasara en España. Ocurría lo mismo a nivel europeo y los ministros de los diferentes países hablaban entre ellos todo el rato para compartir información. El pobre Salvador Illa, que no dormía, todos los días de consejo de ministros nos contaba lo que había hablado con el ministro italiano, el francés o el alemán. Lo contaba con esa sobriedad con la que explica las cosas Salvador y lo que nos decía es que en todas partes se vivían situaciones absolutamente equivalentes. Todos nos enfrentábamos al mismo tipo de problemas.

Él estaba en permanente contacto con sus colegas europeos y la decisión que se tomó fue la de dar todos los pasos de manera conjunta. Nadie se atrevía, nadie se atrevió, de hecho, a tener una vía nacional propia de combate contra el coronavirus; todo el mundo decidió parapetarse en la decisión común.

Esto tiene un punto irónico. Si bien era una manera de reforzar la autoridad de lo que estábamos haciendo, en realidad se basaba en decisiones que estaban tomadas por personas concretas. Personas que eran de algún país, que tenían que sentarse en un sitio y que finalmente decidían ir por un camino concreto. Muchos gobiernos presentaron como un elemento tranquilizador ante su población el hecho de que las medidas que se anunciaban no eran algo que se les hubiera ocurrido a ellos, sino que era lo que estaban haciendo todos los países de la Unión Europea. Pero, en realidad, la Unión Europea no es otra cosa que todos los países que la forman juntándose y decidiendo qué hacer.

La figura de Illa y la de Fernando Simón fueron clave en la gestión de la pandemia. El ministro de Sanidad y uno de sus funcionarios. Un ministerio que pudo perfectamente haber recaído en Unidas Podemos ya que en la negociación de julio de 2019 fue uno de los departamentos que estuvo encima de la mesa.

El Ministerio de Sanidad que nos ofreció el PSOE era mucho más de que lo que luego fueron Universidades, Consumo o incluso mi Ministerio de Derechos Sociales. De hecho, estos dos últimos eran trocitos del Ministerio de Sanidad clásico. Si nos lo daban con todas sus competencias, Sanidad era una buena opción que, como digo, incluía dos de los departamentos que finalmente tuvimos tras la repetición electoral.

Pero no me convencía. Y una de las razones por las que en 2019 no me entusiasmaba la idea de recibir Sanidad era porque no tenía clara la persona que quería poner al frente. En un ministerio así yo no habría apostado por un perfil como el que apostó el PSOE, por un perfil político sin experiencia en la gestión sanitaria como era

Salvador Illa. Yo tenía claro que quería un perfil puramente sanitario, un profesional que tuviera un recorrido en el movimiento de defensa de la Sanidad Pública. Necesitábamos una persona que fuera nuestra y que pudiera demostrar ser un excelente gestor en un ministerio con pocas competencias, que además supiera del tema, que fuera respetado por la comunidad sanitaria y que, al mismo tiempo, pudiera operar con un perfil político, porque con los pocos ministerios que íbamos a tener, no podíamos permitirnos que no fueran perfiles políticos que tuvieran su propio recorrido. Había diferentes opciones sobre la mesa, pero tenía dudas. Y descartamos esa posibilidad.

Con todo lo que ocurrió después no tengo claro si hubiera sido mejor o no haber asumido Sanidad. Es una pregunta que me han hecho muchas veces y para la que no tengo respuesta. Tampoco sé si hubiera sido quizá un problema que el ministro de Sanidad no fuera del PSOE en una gestión de este calibre. Y, en realidad, es imposible saberlo. Sí creo que hubiera dependido mucho de la persona que hubiéramos elegido. Quien fuera, en ese momento habría tomado conciencia de que sería mucho más que un ministro.

La personalidad de quien asumiera el cargo habría sido determinante y, de hecho, yo creo que la personalidad de Illa lo fue. Otros se habrían chamuscado, pero que Illa lograra que su gestión como ministro de Sanidad durante una pandemia como la que hemos vivido le catapultara un año después a las elecciones catalanas es algo que tiene que ver con su forma de ser y con su forma de hablar. Creo que a cualquier otro le habría centrifugado para siempre una responsabilidad así. Fernando Simón es un ejemplo de alguien que, hasta cierto punto, se ha quemado en la gestión de la pandemia. Y fue porque, creo, se abusó de su figura. Es algo que hablé con él porque me cae muy bien. Me parece un tipo honesto y buena gente. Le dije: «Eres un personaje, una figura de un recorrido mediático increíble y causas una pasión pop muy interesante, pero creo que deberías parar la exposición».

Illa me consultaba a veces cosas de comunicación política. Me consultó cuando le hicieron a Fernando Simón una entrevista en el suplemento dominical de El País, con aquella portada del EPS en la que salía con una chupa de cuero montado en una moto. Salvador me preguntó: «¿Cómo lo ves, vicepresidente?». Y le dije: «Ministro, creo que no necesitáis esto porque, joder, Fernando no es un político. Fernando Simón era —y es— un funcionario, y eso era convertir a un funcionario en un político, algo que no creo que deba hacerse.

No fue el único momento en el que esto ocurrió. Recuerdo a Iván Redondo y a Juanma del Olmo hablando entre ellos sobre la posibilidad de que Fernando Simón fuera candidato a la Asamblea de Madrid. Les dije: «Sois unos cabrones». Fernando Simón es un funcionario ejemplar, fue un hombre abnegado y creo que se pasaron con la exposición pública a la que le sometieron.

Simón no fue el único al que se lo hicieron. Otra decisión similar fue la de recurrir a los uniformes para la rueda de prensa, con policías, guardias civiles y hasta el jefe del Estado Mayor de la Defensa.

Fue una de las cosas geniales de Iván Redondo, aunque duró demasiado tiempo. La idea era sencilla en un contexto como el que estábamos viviendo. ¿Los uniformes son un elemento que se asocia al Estado y a la derecha? Pues vamos a sacar los uniformes. A mí me parecía un poco de coña. Qué tendrá que ver una guerra que libran los profesionales sanitarios con sacar a un montón de generales, de policías y de guardias civiles como si estuviéramos en guerra contra otro país o contra alienígenas armados. Yo pensaba: ¿no tendrá más sentido sacar batas blancas que uniformes? Pero Redondo decía que no, que los uniformes son un imaginario de la derecha que nos podía ayudar a transmitir una sensación de Estado serio, de Estado con autoridad.

Al principio yo creo que coló. Siempre se sabe si cuela por cómo reaccionan los periodistas, que son los más sensibles a los marcos dominantes. Así que pusieron un montón de militares, los periodistas se cuadraron y empezaron a escribir que si el general Villarroya esto o el general Villarroya aquello.

Pero los periodistas tampoco son gilipollas. Y después de diez ruedas de prensa haciendo preguntas a profesionales de las Fuerzas Armadas, que no son profesionales de la política y que no están acostumbrados a dar entrevistas, estos empezaron a revelar sus debilidades. Cometían grandes errores comunicando. Entonces hubo que retirar los uniformes. Dos semanas más de preguntas en ruedas de prensa a generales y aquello hubiera acabado mal.

En la gestión comunicativa de todo aquello es donde Redondo hizo un despliegue que, si bien yo no comparto en todos sus aspectos, sí evidencia su audacia.

Objetivo: derrocar al Gobierno

Otro elemento común a todos los países fue que estábamos sometidos a una presión mediática y política sin precedentes. Pero el caso de España fue muy diferente. Aquí la derecha no vivió la pandemia como un problema de Estado sino como una oportunidad política para hacer caer al Gobierno.

El ejemplo más claro fue lo que ocurrió alrededor del Día de la Mujer. Hay que partir de la base de que en aquel momento la parte mayoritaria del Gobierno no entendía que hubiera que decretar el Estado de alarma. Recuerdo la reunión en la que preguntamos a las autoridades sanitarias si se podía celebrar el 8M. Se les preguntó directamente si se podía mantener la manifestación y dijeron que sí. Señalaron que había que tener cuidado, no tocarse, quizá llevar guantes. Pero «hágase», fue la consigna. Y, cuando las autoridades sanitarias dicen algo, el que tiene que tomar la decisión política respira.

Tras la manifestación del 8M asistimos a un intento clarísimo de una operación de *lawfare* para derrocar al Gobierno que, además, presentó todos los ingredientes del recetario de las guerras jurídicas: jueces de ultraderecha operando, toda la derecha política y, por supuesto, buena parte de los medios de comunicación. Lo ocurrido alrededor del 8 de marzo de 2020 dejó muy clara la voluntad golpista de la derecha judicial, política y mediática. Yo sé que decir esto es muy fuerte, pero creo que hay pocos ejemplos tan evidentes de que intentaron dar un golpe de Estado a través de una operación de *lawfare*.

Ahí tenemos a Ana Rosa, que puso en su programa un vídeo de la cabecera de la marcha en el que salen hablando Irene Montero y Boti García, y se les oye decir «no me tosas». Un vídeo que es un montaje, como luego reconocieron. Pero lo emitieron y ayudaron a la difusión de un bulo.

El objetivo que buscaba esa derecha no era inocente. ¿Cuál es el principal enemigo ideológico de la ultraderecha en España? El feminismo. Y no digamos ya si el gran significante del feminismo en España es hoy una ministra de Igualdad que es de Podemos y que, encima, es mi pareja.

En aquel contexto lo tenían todo. Y fueron con todo. Pero su objetivo no éramos solo nosotros, sino el Gobierno en su conjunto. Hubo un punto de inflexión con un informe plagado de mentiras, de errores de bulto y de bulos realizado por la Guardia Civil de Madrid, cuyo jefe era por entonces Diego Pérez de los Cobos quien, por recordarlo, envió a sus agentes sin orden judicial a requisar las grabaciones de las cámaras de seguridad del supermercado donde yo hacía la compra.

Un informe *fake* que la Guardia Civil de Pérez de los Cobos remitió a la jueza Carmen Rodríguez Medel, familia directa de un buen puñado de altos mandos de la Guardia Civil y que tuvo alguna relación con el Ministerio de Justicia de Rafael Catalá. Rodríguez Medel intentaba montar una causa judicial contra el por entonces delegado del Gobierno en Madrid, José Manuel Franco, al que llegó a tomar declaración como imputado incluso después de que se publicara que los agentes que hicieron el informe se habían inventado los testimonios de algunos testigos para apuntalar la tesis de que el Gobierno había permitido celebrar la marcha del 8M por motivos políticos mientras maniobraba para que se desconvocaran otros actos[1].

Era mentira, tal y como confirmaron los propios testigos, que la Delegación del Gobierno les hubiera presionado para anular sus convocatorias mientras se mantenía el 8M. Los errores, interpretaciones orientadas o falsedades incluidas en el informe eran muchos más. De hecho, fueron dos informes los que, plagados de falsedades, llegaron a la mesa de la jueza[2] con firma de guardias civiles de la comandancia que dirigía mi viejo conocido, el coronel Diego Pérez de los Cobos, a quien Marlaska sacó de su puesto.

Pero lo impresionante es que esos agentes, todos ellos, siguen llevando el uniforme de la Guardia Civil. Intentaron imputar a Franco, que era secretario general del PSOE en Madrid, con informes *fake*, y siguen vistiendo el uniforme de la Guardia Civil.

Nosotros le hemos explicado muchas veces al PSOE que la pieza de caza mayor son ellos y que nosotros solo somos la explicación política. Por eso era muy importante que apareciera el nombre de Irene vinculada al 8M. Así tenían su chivo expiatorio. «Habéis decidido gobernar con los comunistas, vosotros os lo habéis buscado», sería el titular. Pero el objetivo son ellos. El objetivo también es Marlaska, que no es sospechoso de haber sido de izquierdas en su vida, que le han reventado, al que han intentado hacer operaciones de *lawfare* y al que en cada sesión de control parlamentaria le dicen poco menos que es un colaborador de ETA.

La operación ideológica de la derecha es clave a la hora de definir el chivo expiatorio. ¿Cómo explican ellos que es legítimo dar un golpe de Estado contra el PSOE? En que darlo contra nosotros, para ellos, es legítimo. Jorge Bustos, en un programa en la televisión de izquierdas de Atresmedia, dejó dicho en junio de 2017 que prefería un gobernante corrupto antes que uno comunista. En esto estaba siendo sincero y diciendo lo que es la derecha en este país. Antes que permitir que los rojos estén en el Gobierno, el delito es aceptable. El delito, sea la corrupción o sea un golpe de Estado En este caso con participación de los uniformes sin necesidad de pegar un tiro, simplemente con informes manipulados.

Nosotros éramos el chivo expiatorio que permite a la derecha decir que el PSOE de José Luis Corcuera, de Felipe González, de Alfonso Guerra; el PSOE corrupto y del terrorismo de Estado, ese que habla con voz de cazalla en 13TV, ese sí está bien y sí es español.

Un inciso: Lo de la voz de cazalla no sé si debería escribirlo, porque hace tiempo por utilizar esa expresión tuve una fuerte crítica del alcalde de Cazalla. Y ni siquiera lo dije yo, me limité a tuitear una página de una de una novela de Carlos Bardem, *Mongo Blanco*, en la que un personaje menciona la voz cazallera. Y entonces el tipo me dijo que había ofendido la dignidad de su pueblo, y yo lo único que había hecho era poner una página de un libro, donde además esa expresión era lo de menos. Al final me mandó unas botellas de cazalla muy ricas, y se lo agradecí. Desde entonces, cuando digo esto intento precisar que no hay ninguna ofensa hacia este pueblo y que hacen un licor muy interesante.

Una de las realidades que ha evidenciado la pandemia es que existen una derecha judicial, una derecha mediática y una derecha policial. En una de las tertulias de los lunes en la SER comenté a raíz de la actuación policial durante las protestas de los trabajadores de la Bahía de Cádiz que los antidisturbios tienen un sesgo ideológico. A la mañana siguiente, mi frase fue objeto de discusión en la tertulia de Ángels Barceló. Y aunque no soy yo muy santo de su devoción, al final, dándole vueltas a lo que dije, concluyeron que algo de sesgo ideológico sí que parece que hay.

La pandemia ha servido para eso, para ver el sesgo ideológico de una parte de la judicatura, de las Fuerzas y

Cuerpos de Seguridad y de los medios de comunicación, hasta el extremo sin par de convertir el 8 de marzo en uno de los significantes en el que están todos los ingredientes del *lawfare*: bulo, mentira, manipulación, informes falsos y presiones policiales a testigos para que los jueces hicieran caer un Gobierno.

Esto después lo intentaron también las residencias. Lo que pasa es que en este caso era tan, tan, tan burdo que les provocó una rebelión interna, y salieron sus propios consejeros de Servicios Sociales a decir que era mejor tener cuidado porque a quien le podía explotar en las manos no era a mí, precisamente. Era a ellos.

La campaña para culparme de las muertes en las residencias ha terminado con el irónico rechazo del PP y Vox a hacer investigaciones parlamentarias sobre lo que efectivamente ocurrió en los centros de mayores. En Madrid pasó de ser una promesa electoral previa al 4M a desaparecer para siempre de las escaletas de los informativos y de los discursos de Ayuso y compañía. Pero durante un tiempo ellos lo vieron como una nueva oportunidad de dar un golpe, de decir «Coletas asesino» para, a partir de ahí, legitimar cualquier cosa.

A la propagación de ese bulo contribuyeron en cierta forma algunos ministros del PSOE, que propagaron la mentira de que yo había reclamado al presidente que me nombrara autoridad delegada. Por eso dejé de hablar a Esther Palomera durante un tiempo. Ella me lo preguntó y yo le dije que no era verdad. Pero después publicó que sí lo había pedido, porque decía que se lo habían confirmado varios ministros. Si así fue, esos ministros no tienen vergüenza.

No era verdad. ¿En base a qué competencias iba yo a pedir algo así? En el diseño que se hizo, las autoridades delegadas lo que tenían, básicamente, era unas competencias específicas para las tareas que se definieron como estratégicas. Por eso fueron el Ministerio del Interior, el Ministerio de Transportes, el Ministerio de Sanidad, además del Ministerio de Defensa por el papel que tenía que hacer la UME. Y ya.

¿Qué es lo que me podían delegar a mí, que era ministro de Derechos Sociales? Lo único que nos tocaba hacer, en coordinación con el Ministerio de Defensa, era recibir a través de la Secretaría de Estado de Derechos Sociales las solicitudes que enviaban las comunidades autónomas para solicitar equipos de protección o una intervención concreta de la UME. Nosotros lo tramitábamos con Defensa, que era el que tenía la autoridad para mandar a la UME a donde fuera a desinfectar o hacer la tarea encomendada.

Yo no tenía competencias ni tenía efectivos. ¿Tenía yo funcionarios para ir a llevar el material a las comunidades autónomas? No. Eso lo hacía la propia UME. Eran los militares los que transportaban los equipos y los que ejecutaban la desinfección, y quien tiene el mando ahí lógicamente es el Ministerio de Defensa. Y las competencias ejecutivas sobre el terreno eran de las comunidades autónomas, que son las instituciones que tenían los funcionarios y los equipos necesarios. De hecho las autoridades delegadas lo que tenían en sus competencias era capacidad ejecutiva efectiva. Por eso no hubiera tenido sentido que me hubieran designado a mí.

Otra cosa es que el presidente del Gobierno hubiera convocado un directorio para la toma de decisiones donde estuviera representada la coalición. De hecho lo hizo. Y en el equipo que se reunía cada día en el búnker de la Moncloa sí acabé estando yo. ¿Cómo no va estar en el *core* de la toma de decisiones el otro partido que está en el Gobierno de coalición? Ahí sí estaba, de la misma forma que tenía que estar en el Consejo de Seguridad Nacional donde, por mucha publicidad que se le diera en su momento, no se contó ningún secreto. Al menos mientras estaba yo.

No he visto ningún informe secreto del CNI. Si las reuniones del Consejo de Seguridad Nacional en las que yo estuve se hubieran televisado, no se habría generado ningún titular. Lo importante quizá se discuta en otras reuniones. Donde yo estuve se presentaban una serie de informes muy genéricos.

Para la gestión de la pandemia se convocaban otras reuniones específicas, con Presidencia del Gobierno, el Ministerio de Sanidad y los expertos. Salvo en momentos muy especiales a esas reuniones iba Julio Rodríguez representando a la vicepresidencia segunda. Y era ahí donde nos explicaban, por ejemplo, el desarrollo de las vacunas. Las españolas siempre iban con mucho retraso, pero allí nos daban información sobre los experimentos de Pfizer, Moderna o Johnson & Johnson.

Nunca hubo la menor queja por la representación de Unidas Podemos en los lugares donde se recibía la información y se tomaban las decisiones sobre la pandemia.

Las residencias: otro significante contra el Gobierno

Aunque yo no era autoridad delegada ni tenía responsabilidad directa, sí recibía información actualizada de lo que estaba pasando en las residencias de ancianos. Desde el principio puse a mi jefe de Gabinete, el general Julio Rodríguez, con el encargo específico de gestionar esa información.

Julio gestionaba junto al director general del Imserso, Luis Barriga, las solicitudes que las comunidades autónomas nos remitían al ministerio. Era el que recibía los correos y el que se comunicaba directamente con el Jemad. Por eso se lo pedí a él, para que hablaran de igual a igual. Julio era mayor que Villarroya, por lo que siempre había estado por encima en el escalafón militar, y los dos venían del Ejército del Aire. La relación entre ambos fue muy correcta. Nosotros recibíamos la información y la transmitíamos. Y estábamos muy preocupados con los datos que llegaban.

Muchas veces da la sensación a nivel mediático de que hay mucho enfrentamiento entre administraciones, pero luego, cuando bajas del primer nivel, las relaciones no son malas. En los segundos escalones la colaboración fue mejor que buena. Ahí lo que te encuentras es con responsables administrativos que están gestionando un drama, y todos estábamos en el mismo barco. Las conversaciones más interesantes que tuve fueron con la gente que estaba en el barro. Hablé con el padre Agustín Rodríguez, que está en la Cañada Real de Madrid. Me impresionaron las cosas que me contó de la situación en la cañada. También hablé con algunos médicos del Gregorio Marañón con los que había hecho amistad durante los muchos meses que estuvieron allí ingresados mis hijos. Recuerdo a uno que me explicaba que ellos estaban preparados para afrontar la muerte, pero no para lo que estaba ocurriendo con la pandemia. Casi llorando me decía que estaba muriendo gente que no tendría que morir si tuvieran disponibles los medios que habitualmente tenían. Pero lo que había era insuficiente en esos momentos de colapso en los que no podían atender a todo el mundo y tenían que elegir a quién le ponían el respirador porque no había para todos. Eso fue durísimo.

La única competencia que yo tuve que fuera concreta, real, era en lo referente a las cuestiones de movilidad de los niños, ya que teníamos Infancia dentro del Ministerio de Derechos Sociales. Así que nos reunimos con educadores, con las asociaciones y, luego, salí a explicar en una rueda de prensa las normas que debían seguir los niños una vez se había levantado el confinamiento. Más tarde, hicieron un vídeo muy gracioso; aquello fue hermoso, porque era la primera vez que los miembros del

Gobierno se dirigían a los niños desde la Moncloa, con toda la parafernalia. El presidente y Redondo me felicitaron por cómo quedó.

Teníamos que construir un mensaje para los niños y tratar de explicarles con palabras que ellos pudieran entender lo bien que se habían portado durante el confinamiento; qué podían hacer si salían a la calle con la bicicleta o con el patinete, si podían correr, saltar y demás. Fue un momento muy emocionante, porque tengo hijos, pero también porque fue un reto comunicativo.

Fue una cosa menor respecto a lo que era la gestión de todo aquello, pero en los días siguientes me escribió muchísima gente, con mensajes de niños emocionados porque les estaba hablando a ellos: un gobernante les estaba hablando directamente a ellos desde la televisión.

Sobre las residencias, las consejerías de Servicios Sociales nos dieron la razón al final. Que saliera como salió el consejero de Servicios Sociales de Ciudadanos de la Comunidad de Madrid, Alberto Reyero, que acabó dimitiendo y diciendo que las competencias eran suyas[3] es muy representativo de lo que ocurrió.

La decisión de Madrid de no trasladar a los enfermos de la residencia de ancianos a los hospitales fue un crimen a muchísimos niveles[4]. Según se publicó en 2021, el 73% de los 11 389 muertos en las residencias de ancianos de Madrid no fueron trasladados a un centro médico[5], recordemos que por orden del Gobierno de Ayuso. Las consejerías con las que nosotros hablábamos eran las de Servicios Sociales. Con los que daban esas órdenes, en particular en la Comunidad de Madrid, nosotros no hablábamos. Eran los consejeros de Sanidad, y eso le tocaba a Illa.

Pese a que es evidente que la Comunidad de Madrid había dado una orden de no trasladar a residentes a los hospitales, eso se negó. Y se me acusó de no haber hecho algo que, falsamente, decían que yo tenía que haber hecho. Pero las órdenes de no traslado pronto se hicieron públicas[6].

Hemos asistido a un cambio de paradigma en la política en el que da exactamente igual que lo que se diga sea mentira. Da exactamente igual que haya pruebas publicadas de que es mentira y que determinan claramente de quién fue la responsabilidad. La derecha mediática aplica una lógica muy simple: «¿qué más da?». Y dicen: a ti te ha financiado Venezuela, a ti te ha financiado Irán, tú te has hecho multimillonario por estar en política y tú eres el responsable del asesinato de un montón de ancianos. ¡Qué más da! Y eso Ana Rosa lo contará, Vallés lo contará y Ferreras lo dejará en duda.

La pandemia ha servido también para que veamos el nivel de degradación de nuestra democracia y, en particular, de los poderes mediáticos, que para cualquiera que tenga un mínimo de información es algo absolutamente impresentable. Porque luego hemos visto que no han querido hacer ninguna comisión de investigación sobre las residencias, aunque en campaña tanto el PP como Vox dijeron que sí la iban a apoyar. «No necesitamos una investigación», dijeron en Madrid.

La realidad es que las comisiones de investigación sirven para poco, pero al menos sirven para colocar el foco mediático sobre un determinado asunto. En una comisión de investigación hay una cámara que emite el interrogatorio de un diputado a un consejero, a un funcionario o a un responsable administrativo. Y ahí pueden emerger algunas cosas. Es lo que querían: evitar que todo saliera.

Pero lo van a seguir repitiendo. Lo de las residencias o que vivo en Barcelona. ¿Cuál es el marco que hay instalado sobre Pablo Iglesias? Está retirado de la política, se ha divorciado, vive en Barcelona, es multimillonario, es el asesino de las residencias, recibió dinero de Irán y Venezuela. Y, además, esa foto en la que aparece con Maduro es real. Pues no, es mentira. No he visto a Maduro nunca. No vivo en Barcelona, no me he divorciado, ni soy el asesino de las residencias. Pero, ¡qué más da! Se trata de repetirlo, repetirlo y repetirlo, porque el bulo es un dispositivo de confirmación ideológica: si odias a alguien recibirás con placer cualquier crimen que se le impute aunque sepas que es mentira.

Pensar que esto solamente va a operar con nosotros es ingenuo. Se va a convertir en el día a día de los ataques políticos. ¿Qué más da que la acusación sea real o sea falsa? Aquí lo importante es provocar un escándalo que genere un marco mediático que permita lanzar un mensaje determinado. Y en ese proceso de involución hemos avanzado muchísimo en los meses de pandemia. Con todo esto no quiero decir que la gestión de la pandemia fuera perfecta. ¿Se pudo hacer mejor? Sí. Y lo dijimos en su momento. Que un país que es la cuarta economía de la zona Euro no tenga capacidad industrial para fabricar los productos que necesita en una emergencia así, no es aceptable. Pero eso tampoco era algo que se pudiera solucionar sobre la marcha.

Desde la posición que yo tenía podría ser muy cómodo decir que tal o cual ministerio podría haber hecho más. Pero yo creo que todo el mundo hizo las cosas lo mejor posible, y al final los resultados comparativos de España ponen una nota bastante aceptable a nuestro país en relación a otros de nuestro entorno.

El «cabezón» quería un escudo social

Si en la gestión directa de la crisis sanitaria no tuvimos mucho protagonismo, la parte que sí trabajamos fue la referente a las medidas sociales y económicas aprobadas para contener los efectos catastróficos de la pandemia. Y ahí me alegré muchísimo de tener cerca a Nacho Álvarez.

Nosotros no teníamos, ni tenemos, un ministerio económico más allá de el de Trabajo, al que además le quitaron la Seguridad Social. Pero sí necesitábamos tener una voz económica dentro del Gobierno, y por eso le pedí a Nacho que fuera secretario de Estado. Lo sería de Derechos Sociales, pero todo el mundo le reconocía dentro del Gobierno como «el economista de Podemos».

El trabajo que hizo Nacho fue espectacular. Se ganó el respeto de María Jesús Montero y del equipo de Nadia Calviño. Participó, junto con Ione Belarra, el equipo de Igualdad y el equipo de Trabajo, en el diseño de buena parte de las medidas del escudo social que se armó con medidas para paliar los efectos sociales y económicos de la pandemia.

Y ahí sí que pusimos toda la carne en el asador, teniendo claro desde el principio que era lo que teníamos que hacer. Yo creo que no está mal.

Recibimos muchas veces críticas que decían que, para ser el Gobierno más progresista de la historia, tampoco hemos hecho mucho. Y quizá tengan parte de razón, pero desde fuera se consigue mucho menos. Lo que nosotros hemos conseguido puede ser decepcionante para muchos, pero nadie en este país ha conseguido más, eso es irrefutable.

Algunas de las medidas del escudo social eran muy coyunturales, pero otras no. Por ejemplo, el Ingreso Mínimo Vital que costó muchísimo sacar. Fue cuando se agrió la relación con Escrivá, porque él no quería ponerlo en marcha tan pronto.

En las negociaciones vimos una diferencia ideológica fundamental con el PSOE, porque teníamos una noción diferente de cuál era el cometido del Ingreso Mínimo Vital. Para el PSOE era, básicamente, un mecanismo que debía servir para paliar la situación de sectores excluidos estructuralmente, que nunca se van a poder incorporar al mercado de trabajo y que van a tener que vivir siempre del subsidio. Era una medida que ellos querían destinar a sectores supuestamente «irrecuperables» que viven en una pobreza estructural.

Nosotros pensábamos que no, que precisamente fue la crisis económica lo que provocó que amplios sectores de población trabajadora cayeran en la exclusión precisamente por la falta de colchones sociales. El Ingreso Mínimo Vital tenía que ser un mecanismo amplio y extensivo de reincorporación al mercado laboral y a la sociedad de esos sectores que se habían precarizado por la pandemia.

Eran dos planteamientos muy distintos, casi opuestos o difícilmente complementarios. El día que María Jesús me llamó «cabezón» en el pasillo del Congreso de los Diputados, momento que fue recogido por las cámaras, estábamos discutiendo sobre eso.

Ella me decía, «eres muy cabezón, vicepresidente». Lo decía con una simpatía encantadora, ojo. Maria Jesús, por muchas diferencias que podamos tener, es una persona encantadora. Me explicaba que ella había gestionado mucho en Andalucía y decía que esa gente no volvería a trabajar nunca y que lo que conseguiríamos con un Ingreso Mínimo Vital amplio sería poner a pelearse al último contra el penúltimo. Yo le respondía: «No, ministra, nosotros pensamos que esto puede ser un mecanismo enormemente eficiente en términos económicos, que esto no es subsidio para pobres, que hay mucha gente que debería estar en el núcleo de la población activa y que ahora necesita esto».

Nosotros llegamos a proponer el modelo canadiense, donde te dan el Ingreso Mínimo Vital solo con solicitarlo y, luego, la administración investiga si se cumplen los requisitos o no. Obviamente, nos dijeron que no.

Al final, el Ingreso Mínimo lo arrancamos. El problema, como se ha visto luego, es el diseño y el alcance. Ojalá hubiera estado en nuestras manos el diseño.

Las reuniones para definirlo fueron duras y complejas. Nacho encabezaba nuestro equipo y me contaba una cosa que me desesperaba y es que la gente de Escrivá decía que no podía tomar ninguna decisión hasta que no diera el OK el ministro. Y así no se puede trabajar. Hay que delegar en los equipos. Evidentemente el responsable político tiene que dar el visto bueno final, pero si en cada reunión teníamos que estar presentes Escrivá y yo para avanzar, era lógico que fuéramos más lentos. Aquello costó, fue duro. Y el resultado final de cómo ha quedado el Ingreso Mínimo Vital es claramente mejorable. A mí siempre me dolerá que la competencia no fuera nuestra, que solo fuéramos coproponentes y que en el diseño lo tuviéramos que negociar con Escrivá. Sin duda, nosotros lo hubiéramos hecho distinto.

Con todo, el IMV se asocia a nosotros porque era una reivindicación histórica. Pero no es lo único que ha quedado. Una ley de vivienda que permite regular los alquileres también responde al peso de Unidas Podemos por el Gobierno. Y no digamos ya la reforma laboral.

Ese es otro de los significantes importantes que no se ha ganado todavía y cuya aprobación ha estado a punto de ser una puñalada mortal para Unida Podemos. Como escribí en *Ara* tras la convalidación del real decreto ley, no se trata solo de la cuestión material, de los derechos que se recuperan o de si son muchos o no tantos. Es una cuestión de correlación de fuerzas y de lucha de clases.

Hemos visto a diferentes fuerzas de la izquierda presentar, unos la reforma laboral como el mayor éxito de la clase obrera y otros como una claudicación ante la patronal. Las dos afirmaciones son falsas y los que las hacen lo saben de sobra. La reforma nace de una correlación muy clara. Por un lado CCOO, UGT, el Ministerio de Trabajo y 34 diputados de UP tras el robo del escaño a Alberto Rodríguez. Enfrente la patronal, buena parte de los medios de comunicación y un PSOE que regaló a la CEOE la capacidad de veto al dejar claro a UP que si Trabajo no lograba el OK de la patronal, el PSOE no apoyaría la reforma. Esto es tal y como lo digo. ¿Pecó mi formación política de exceso de triunfalismo? Creo que sí. ¿Habría que haber intentado tener cerrado —aunque fuera discretamente y sin luces— el acuerdo con ERC y EH Bildu antes de anunciar el acuerdo con la patronal? Quizá también. Una vez anunciado el acuerdo, el PSOE se apresuró a situarse con la patronal para decir que no se podía tocar ni una coma. No dejaron margen a Trabajo para negociar nada realmente relevante con los socios de izquierdas. A partir de aquí creo que ERC se equivocó con una exhibición de planteamientos maximalistas nada coherentes con su praxis habitual. ERC no es la CUP. ERC, como cualquier fuerza de gobierno, actúa en el marco de correlaciones endiabladas y, como cualquier fuerza de gobierno, traga sapos. Su agresividad tuvo algo de oportunista. Se puede entender que ERC estuviera interesada en debilitar a una eventual competidora electoral como Yolanda Díaz —la política es así de fea y ese juego feo lo practican todos— pero

reforzar la táctica del PSOE en su búsqueda de la geo-
metría variable fue un error grave. Se entregó a la dere-
cha una ventaja táctica. Se le dio la espalda y la derecha
española jamás desprecia la ocasión de apuñalar. Solo
la impericia de un diputado del PP salvó a UP de una
puñalada mortal que hubiera tenido consecuencias mo-
rales también para ERC. ERC, por cierto, ahora estará
más sola para hacer frente a la agenda económica de
Junts, que, como todo el mundo sabe, no es de izquier-
das. EH Bildu lo tenía más difícil que ERC para apoyar
la reforma por la presión de la mayoría sindical vasca.
En Euskadi CCOO y UGT no mandan y además allí sí
hay conflictividad obrera. Y, con todo, el tono de Sortu
—no tanto el de sus aliados que en Madrid imitan el es-
tilo de Rufián— fue sobrio y contenido. En UP nunca
deben olvidarse de que Sortu encarna algunas virtudes
de la vieja cultura comunista: discreción y voluntad de
acuerdo si se les reconoce cuando toca hacerlo. En resu-
men: el desencuentro entre UP, ERC y EH Bildu ha sido
malo para las tres formaciones y para los intereses que
representan. Ninguno de los tres ha ganado nada de los
reproches cruzados.

(...)

En la guerra cultural con una derecha enormemente
superior en recursos mediáticos, decir la verdad, por in-
cómoda que sea, es uno de los mejores recursos de las iz-
quierdas. Y no solo es una cuestión ética; también es po-
lítica. Enredarte con los marcos que te ofrecen los medios

254

puede dar buenos titulares durante un tiempo, pero a la larga te debilita ideológicamente. Precisamente porque no es la economía, sino la lucha de clases[7].

SEXTA PARTE

EL LEGADO

Un periplo de siete años en alta política puede dar para poco o para mucho. Si Podemos y Ciudadanos son la plasmación concreta de eso que allá por 2014 se empezó a llamar «nueva política», no hay mucha discusión posible sobre quién se impuso a quién. Y eso que el viaje de Iglesias pudo haber terminado en el mismo verano del año del lanzamiento del partido, tras las elecciones europeas, como él mismo desvela ahora.

Con todo, Pablo Iglesias y quienes le acompañaron al principio nunca pensaron que podrían llegar a donde llegaron. Sobre la marcha fueron construyendo un proyecto político que, pese a todo, aguanta. Y que ha establecido algunos procedimientos propios que marcan una diferencia: la financiación popular, las primarias, las consultas a la militancia.

Estas cuestiones forman parte del legado que deja el fundador. Como la construcción de un «bloque histórico», en lenguaje gramsciano, de un conglomerado de partidos y sensibilidades comprometidos con un proyecto de gobernabilidad que marca la diferencia con lo que había en la izquierda y las fuerzas populares hasta ahora.

La llegada al Gobierno permitió ampliar ese bloque a las fuerzas independentistas, que han asumido un papel activo en la gobernabilidad y en la dirección de Estado, como dijo Arnaldo Otegi. No es poca cosa, aunque los cimientos se hayan tambaleado en la reciente convalidación de la contrarreforma laboral de Yolanda Díaz.

Pero si la política nunca termina, como dijo el propio Pablo Iglesias tras Vistalegre 2, su retirada abre ciertos interrogantes sobre el futuro de Podemos. ¿Hay un Podemos posible sin el fundador? ¿Está Podemos amortizado, como ha dejado escrito una de sus principales víctimas, Mariano Rajoy? ¿Está garantizada la apuesta por una coalición entre el PSOE y el proyecto que lidere Díaz, se llame al final como se llame, adquiera la forma que adquiera?

Si algo parece claro es que Pablo Iglesias no regresará a la política institucional. Esa pantalla ya ha pasado. Para él, y para otros muchos que han ido cayendo por el camino.

«Creo que podré contar a mis nietos cosas estupendas. Me doy por satisfecho», concede. Parece poco para alguien que dijo aspirar a asaltar el cielo. Pero cuando has pasado por la trituradora humana que es la política, logras un puñado de objetivos y sales de una pieza —aparentemente—, no es mala idea estar agradecido y silbar el Always look on the brigth side of life.

A.R.

Lo increíble

La curva en la que se mató Mariano Rajoy fue la curva Podemos. Casi tres años después de la moción de censura en la que echamos al PP del Palacio de la Moncloa, el expresidente sigue ahí, clavado en el arcén mientras señala el bache en mitad de la carretera en el que se metió la rueda posterior derecha del coche oficial en el que ha estado montado desde antes de cumplir los 30 años.

Cuentan las crónicas —porque no he leído el libro ni vi la entrevista en *El Hormiguero*— que desde el retiro al que le mandó el Congreso, gracias a una moción de censura que salió porque nos empeñamos en que saliera, Rajoy da por amortizado a Podemos y asegura que su bagaje desde 2014 es bastante pobre.

La idea no cuadra mucho con que nos dedique tantas páginas de su libro. No es opinable lo que ha representado Podemos en el sistema político español, en la historia política reciente. La realidad de lo que hemos conseguido es sencillamente increíble. A nivel electoral no tiene precedentes que el peor resultado en las urnas de una fuerza política que se ubica en el espacio del GUE sea un millón de votos más que el mejor resultado electoral de Izquierda Unida en 30 años de historia. Eso dimensiona lo que es Podemos y Unidas Podemos. Haber llegado a los cinco millones de votos en dos elecciones, haber sido la primera fuerza en Cataluña, primera fuerza política en Euskadi, y segunda fuerza por delante del PSOE en Madrid, en Galicia, en la Comunidad Valenciana, en Baleares o en Canarias, es un fenómeno político que se estudiará.

El éxito electoral de Podemos es evidente. Pero hay otro factor que a mí me llena de orgullo: haber llegado al Gobierno. Lo que explica la historia de España desde el año 2015 hasta el año 2019 es, precisamente, la resistencia de todos los poderes, —del poder mediático, del poder económico y del Estado—, a que Podemos entrara en el Gobierno. En 2020 Podemos rompió una cláusula de exclusión histórica. Es una anomalía en toda Europa que una fuerza política como Podemos esté en el Gobierno y tiene algo de épico el hecho de haberlo conseguido después de seis años de ser golpeados.

Podemos ha estado en los gobiernos de las ciudades más importantes del país, y todavía lo está en algunas de ellas. Se nos podrán achacar muchos errores, algunos lo he señalado yo mismo, pero ahí está Ada Colau como alcaldesa de Barcelona, con el PSC como fuerza pequeña del gobierno y ERC apoyando los presupuestos municipales desde fuera.

También hemos cogobernado y cogobernamos, muchas comunidades autónomas: Baleares, Canarias, La Rioja, Castilla-La Mancha, Aragón, Navarra o País Valencià han tenido o tienen en su Ejecutivo a miembros de Unidas Podemos.

El otro día Manu Levín imaginaba una viñeta que no se ha dibujado, pero que hay que dibujar, en la que se ve a dos dirigentes políticos de izquierdas en la jungla con un tirachinas cada uno esperando para disparar al bombardero que va a pasar por encima. Entonces pasa el bombardeo sobre ellos, arroja napalm y arrasa toda la selva. Luego se ve a los dos dirigentes ya en el cielo —han muerto— y uno le dice al otro: «¿Ves? Teníamos que haber disparado desde la otra palmera».

Esta viñeta aún por hacer expresa, de alguna manera, que da igual la táctica, la estrategia o el discurso y que, cuando tienes enemigos enormes, es absolutamente excepcional que no te arrasen.

Con los enemigos que ha tenido Podemos, haber llegado al Gobierno es un éxito. Como también es un éxito que esa llegada al Gobierno nos haya permitido formatear la propia construcción del espacio político y poner el reloj otra vez a cero. Porque llegar al Gobierno fue la condición de posibilidad de que hoy exista Yolanda Díaz. Ahora se reparten cartas otra vez.

El tercer elemento que explica el éxito de Podemos es cómo hemos transformado a otras fuerzas políticas. ¿Sería posible el Pedro Sánchez presidente del Gobierno sin Podemos? ¿Hubiera ganado las primarias en el PSOE contra Susana Díaz si no hubiera existido Podemos? ¿No es cierto que se han podemizado también las fuerzas políticas independentistas? ¿Existiría Gabriel Rufián si no existiera Podemos? ¿Y Oskar Matute? ¿Existiría una izquierda *abertzale* que dice lo que decía el pasado mes de noviembre Arnaldo Otegi en un artículo en *Público*?: «Hacer frente en términos estratégicos a las derechas autoritarias exige un bloque histórico plurinacional, democrático y de izquierda que levante y desarrolle un programa político, económico, social y territorial que haga imposible su reversión»[1], dejó escrito el coordinador de EH Bildu.

Podemos es el fenómeno político español más importante de lo que llevamos de siglo XXI. Es incuestionable, y que algunos lo traten de minimizar solo es un reflejo de la estatura política de nuestro partido.

Lo que uno es, ya sea a título individual, como dirigente, o en lo que a sujeto político se refiere, se define por el tamaño de tus adversarios y por la atención que te dedican. Basta revisar las portadas de los periódicos de los últimos años, los editoriales y lo que dicen en las televisiones. Incluso me sorprende el caso que todavía me hacen, cuando yo ya no pinto nada. No soy nadie. Soy un articulista y un *podcaster* que va a un par de radios a comentar la actualidad. Que todavía me presten atención revela lo que ha significado y significa Podemos en este país.

Nuestros éxitos lo son más si los observamos con perspectiva. Cuando en el verano de 2013 decidí dar el paso me imaginé, como es lógico, escenarios futuros.

Algunos de ellos eran ambiciosos, vistos con los ojos del Pablo Iglesias de hace casi nueve años. Pero ni de coña me vi a mí mismo, nunca, como líder de una fuerza política como Podemos y menos aún como vicepresidente del Gobierno de España.

La paradoja es que ese éxito colectivo para mí fue una desgracia personal, que es algo que ahora, por fin, puedo decir.

Al tirar la flecha apuntamos muy alto, todo lo alto que se podía apuntar. En 2014 pensaba que era posible que sacáramos un diputado europeo. Quizá dos. Pero hasta ahí.

Nunca pensé que fuéramos a tener el resultado que tuvimos. Creía que nos iban a frenar y a machacar mucho antes. Que no iba a ocurrir lo que ocurrió. No tanto porque la teoría no nos diera la razón, que nos la daba, sino porque la vida casi siempre es muy mediocre y rara vez las hipótesis teóricas se concretan. Estos últimos años son muy contrahistóricos. Lo habitual es que «los buenos», los que piensan como nosotros, pierdan casi antes de comenzar la partida. La norma, lo habitual, es que la pasión que pusimos en todo lo que construimos no se hubiera traducido en algo tan grande.

El objetivo político personal que yo tenía era el de lograr recursos económicos y políticos para ensanchar un poco lo que había empezado a construir con *La Tuerka* y con las apariciones en los medios. Poder contratar a más gente y construir una pequeña estructura política muy centrada en lo mediático que pudiera influir e interactuar más en la izquierda. Hasta el último momento, Podemos tendió la mano para llegar a acuerdos con las fuerzas políticas de izquierdas. Yo no deseaba hacer el viaje sin contar con la izquierda realmente existente. En la presentación en el Teatro del Barrio, el 17 de enero de 2014, dije que queríamos ser un «método» para que la gente pudiera elegir a sus candidatos, y que nuestra intención era «unir fuerzas» con otras organizaciones o partidos de izquierda. Cité expresamente a IU y al Sindicato Andaluz de Trabajadores, pero también a fuerzas independentistas como Anova y las CUP, y a las mareas ciudadanas —blanca, verde, amarilla— que habían desbordado completamente a los movimientos sociales clásicos.

El hecho de que nos dijeran que no y nos dejaran tan solos fue lo que facilitó el discurso de que podíamos trascender todo eso. En las discusiones que habíamos tenido en el CEPS y en otros espacios, yo era de los que pensaba que había que desarrollar nuestra hipótesis asumiendo que la base constitutiva, el núcleo, tenía que ser la izquierda realmente existente. Aunque no era una izquierda todo lo sexi que a nosotros nos gustaría, era en lo que yo me sentía cómodo. Además, pensaba que era lo único que podía funcionar. Fueron otros los que dijeron que había que dejar a «la izquierda» en su sitio y ocupar un espacio diferente, la resultante final durante unos meses creo que fue un punto medio. No arrastrábamos ninguna *mochila* porque nadie nos había hecho caso, con lo cual no había ninguna sigla tradicional que estuviera con nosotros. Pero, al mismo tiempo, creo que estaba claro que éramos más radicales en lo programático y en lo discursivo que la izquierda existente. Y eso fue lo que funcionó.

Hay una cosa que dice Manu Levín y en la que yo creo que tiene razón. Es mentira que hubiera dos discursos posibles en Podemos, uno que penetraba en los sectores menos politizados de la sociedad, que no solían votar, y otro situado en parámetros tradicionales de la izquierda, que es el que podía penetrar en la base cultural del PSOE. Manu sostiene que era el mismo discurso el que penetraba en los dos ámbitos. Y, si alguien reescucha al Pablo Iglesias de 2013 y 2014 —sobre todo al de esos años—, verá que no tiene nada que ver con lo que se dice ahora que era. Pero hay que escucharlo en bruto. Mi discurso era mucho más radical, mucho más explícito; me autodefinía abiertamente como de izquierdas y mi crítica a la izquierda era una crítica que venía, evidentemente, desde la izquierda. Criticaba, desde la izquierda, el conservadurismo y los referentes simbólicos de la izquierda. Y, en general, desde planteamientos muy radicales y, muchas veces, explícitamente marxistas.

Creo que Manu tiene razón y que la clave de nuestro éxito inicial tiene que ver, básicamente, con que todavía no nos habían empezado a golpear porque no habían encontrado las claves para golpearnos. Lo que define la historia de Podemos desde la primavera del 2015 es la potencia de fuego que se despliega contra nosotros. Lo que ha hecho Podemos desde 2015 es, básicamente, defenderse. Y, seguramente, las dinámicas internas contribuyeron a empeorar todo eso.

Haber tenido que nacer y vivir bajo un nivel de presión incomparable al del resto de actores políticos da todavía más grandeza a lo que somos. Pero para mí, a nivel vital, aquello fue una putada. Porque nunca quise ser un líder político. No me atraía, no me parecía una cosa particularmente sexy. Si no lo dejé antes fue simplemente porque nunca me dieron una oportunidad para hacerlo dignamente.

El día después de las elecciones del 4M y de mi dimisión Irene tenía trabajo en el ministerio y los niños estaban en el colegio. Yo estaba solo en casa. Y dije, «¡hostias! ¡por fin!». Rejuvenecí siete años de golpe. Hacía un buen día y estuve leyendo por la mañana. Fue como: «¡por fin!». Sentí una enorme felicidad porque, aunque le he puesto toda mi pasión a mi trabajo como secretario general de Podemos, no era lo que yo quería. No es lo que a mí me motiva en la vida. Ahora sí hago lo que me gusta. Ponerme a escribir sobre una cosa que me estimule, preparar cada programa de *La Base*. Que haya gente que te lea y te escuche. Y que, encima, me paguen por eso. ¡Ahora sí que soy un privilegiado!

Ahora sí puedo decir que me encanta mi vida. A un cantante lo que le gusta es cantar y que reconozcan su trabajo. Y a mí lo que me gusta es escribir, comunicar, hacer un poco el gamberro, estudiar y dar mis clases. Ahora por fin hago lo que me gusta hacer, con un nivel de reconocimiento mucho más manejable en lo humano que la locura de ser un líder político. Ahora estoy feliz. Y, simplemente, he vuelto a hacer lo mismo que hacía antes.

La puerta de atrás

El verano de 2014 fue durísimo para mí. Durante la campaña de las elecciones europeas sufrí mucho. Recuerdo noches llorando y lamentándome: «¿Por qué me he metido en esto? Si yo antes era súper feliz, ¿por qué me he metido en esto?». Yo ganaba más pasta antes de meterme en Podemos que después. Cobraba por Fort Apache, cobraba por las tertulias, que no pagaban mal, y estaba en la universidad. Ganaba dinero, iba en moto, salía por la noche, me tomaba unas cervezas cuando quería. Era un tío súper feliz.

Durante esa campaña electoral acabé regañándome «¿Por qué he hecho esto con mi vida?». Aunque no lo parezca, soy una persona muy tímida y que la gente me tocara por la calle o las señoras me pararan para darme besos no me gustaba. Era una enorme putada.

Todas estas sensaciones eran —son— compatibles con la conciencia de estar viviendo cosas muy interesantes. Recuerdo parar alguna vez de repente y pensar, «hostias, me estoy metiendo en los zapatos de un personaje que ya es histórico». Y eso es evidente que tiene su interés cuando te alejas un poco. Pero cuando lo estás viviendo, no.

Ese verano, después de las elecciones europeas, le dije a los compañeros que necesitaba desconectar. Estuvimos en julio en el Parlamento Europeo, preparando todo para el inicio del curso político, y en agosto me fui a Casavieja, a la casita pequeña que tengo allí desde antes de meterme en lo que me metí. Estuve allí recluido un mes, ajeno a todo. Venía gente a verme, recibía visitas, pero necesitaba parar, despresurizar. Llegó septiembre y no me había recuperado. Me apetecía muy poco retomar la actividad. Fue ahí cuando tomé conciencia de que existía una dinámica interna en Podemos por la cual se estaba montando un partido que me era ajeno. Y se puso en marcha un mecanismo que ha sido mi perdición también.

Yo no hubiera tenido ningún problema en que, de una manera ordenada, en pocos meses, me hubieran sucedido otros compañeros. Pero no por la vía de los hechos consumados. La decisión que tomé fue clara: de aquí me iré yo cuando toque, de aquí no me echan por la puerta de atrás. Por una cuestión de ego y por mi propia dignidad. No iba a ser marioneta de nadie. Así que, al menos mientras yo estuviera presente, no iba aceptar ir por caminos que no compartiera. Siempre lo dejé claro: si la decisión es la de ir por direcciones que no comparto, yo me voy. Pero eso no sería por la puerta de atrás, sino cuando perdiera un congreso.

En aquel momento, finales del verano de 2014, podíamos haber articulado una fórmula para haberme quedado en Europa los cinco años de mi mandato y que alguien hubiera asumido el liderazgo nacional en España. Yo me quedaba en Bruselas, donde además podía desarrollar un trabajo que me parecía súper interesante y recuperar a la vez el anonimato, al menos durante media semana. Habría podido ser factible; de hecho, pensé en hacerlo durante mucho tiempo.

Hacer algo así implicaba que el movimiento tuviera una cierta lógica. Se tenía que fundamentar de alguna manera en un acuerdo a través del cual efectivamente yo pudiera hacer eso. Pero nadie estaba dispuesto a asumir el liderazgo en mi lugar. El planteamiento que me hacían era que yo tenía que ser el candidato en las elecciones generales, llegaran cuando llegaran. Podía ser lógico en aquel contexto porque, ¿quién más podía asumir ese rol? Me decían que tenía que ser yo, pero también me querían imponer el planteamiento político.

Yo admitía, porque no soy idiota, que si en ese momento me iba, se descabezaría todo el espacio político, que apenas acababa de nacer. Era consciente de que podía ser una irresponsabilidad. «¿A quién vais a presentar a las elecciones, si no?», me preguntaban muchos compañeros. Y tenían razón. Yo era perfectamente consciente de que era muy difícil de imaginar que yo me quedara en Europa y no me presentara a las siguientes elecciones generales. Pero si yo me quedaba al frente no iba a ser para hacer cosas que yo no compartía.

Sobre los planteamientos concretos que se me querían imponer, creo que están escritos. Lo fundamental, como siempre en las cosas de la izquierda, no estaba tanto en lo programático. Sí estaba, quizá, en el diseño de los discursos y en algunos referentes emocionales. Y en quién mandaba en el aparato, algo que es común a todos los partidos, independientemente de la ideología. En una organización todo el mundo puede compartir el mismo programa pero, ¿a quién hay que obedecer?

Y en aquel mes de septiembre de 2014, al volver de Ávila, me di cuenta de que el aparato de mi formación política no necesariamente me iba a ser leal a mí. Y si vas a ser el candidato, si vas a ser el secretario general, no puedes ser una marioneta ni aceptar un aparato que no te responde.

Lo que estaba ocurriendo era una evidencia. Y tampoco me parecía tan mal, en la medida en que antes de las elecciones europeas no le había prestado ningún tipo de atención a la construcción del sujeto porque yo lo que tenía que hacer era dar mis clases en la facultad y salir en la tele, en la radio y en todos los medios posibles en tanto que candidato. Era lógico que se hubiera construido un primer núcleo de aparato en lo que todavía no era un partido.

Luego llegó el verano, que fue una época frenética en la que todo empezó a crecer y a construirse. Yo me pasé una parte de ese tiempo en Bruselas, construyendo nuestra primera experiencia parlamentaria. Que ahora parece poca cosa, pero para nosotros aquello fue la leche: de repente nos encontramos negociando en inglés todo lo que tenía que ver con los eurodiputados, los equipos, los recursos y los grupos.

Y fue en agosto, durante ese breve retiro en Ávila, cuando lo asumí: «Pablito, si vas a ser el secretario general de un partido te tendrás que ocupar de las cosas del partido. Tienes que tener tu gente y te tienes que interesar por lo que nunca te has interesado». A mí lo que me hubiera gustado habría sido ser el asesor de comunicación de una candidata o de un candidato, lo que había hecho con anterioridad. Nunca me habían interesado las labores de una Secretaría de Organización, nunca me había preocupado por el aparato de un partido.

La deducción era la lógica. Iba a ser el candidato. No me iba a poder escapar porque hubiera sido una irresponsabilidad. Si yo ese verano hubiera dicho algo como «chavales, me quedo aquí en el Parlamento Europeo», habría sido muy difícil construir otro liderazgo en Podemos. Por lo tanto, tenía que empezar a trabajar como el secretario general de un partido.

Lo más duro de mi experiencia política fue comprobar que la política saca lo peor de casi todo el mundo. Lo he vivido así con gente muy hermosa, con gente muy bonita de la que tengo la impresión de que su experiencia en Podemos no ha sacado lo mejor de ellas y ellos, sino seguramente lo peor.

Aunque uno tiende a defenderse a sí mismo, y suele pensar que a uno esas cosas no le pasan, tampoco creo que la versión que más me gusta de mí sea la de secretario general, la de candidato o la de dirigente político que no puede hablar con la sinceridad con la que estoy hablando en este libro. Aunque creo que siempre fui más sincero de lo recomendable, me vi en la obligación de hacer algunas cosas y de ejercer algunos roles. Creo que no lo hice mal y ahí están los resultados: conseguí negociar que entráramos a un gobierno, ganamos la mayor parte de los debates, construimos un partido y dimos la vuelta a una interna que teníamos completamente perdida con todos los medios apoyando al otro sector.

Creo que no lo hice mal, pero no me gusta. No es algo que me motive ni algo que que eche de menos. Y ahora, desde la posición en la que estoy, tiendo a desinteresarme. Las internas nunca dejan de existir, y cuando me cuentan cosas procuro desentenderme.

Eso ya me tocó, ya lo hice. Es como cuando me preguntan si volveré alguna vez, e inmediatamente pienso: «qué mal me quieren... ahora que estoy bien, que soy feliz y que me gusta lo que hago».

Hace ocho años me vi en una situación en la que sabía que por lo menos tenía que aguantar hasta las elecciones generales de 2015. Y aguanté hasta las elecciones generales. Algunas de las cosas que ocurrieron después están escritas. Ahora es fácil decirlo, pero hubo otra ventana de oportunidad para irme en el verano de 2016, después de la primera repetición electoral.

En los partidos hay un principio orgánico básico: quien gana, gana; y mientras esté, se respeta su línea. Y cuando quien lidera ya no esté, al que le toque podrá marcar su propio camino. Si yo hubiera tenido la sensación de que los compañeros que se situaron enfrente asumían ese principio, probablemente hubiera encontrado una razón sensata para irme.

Esto no sé si lo he dicho alguna vez en público: yo hubiera apostado por Íñigo si él hubiera tenido una relación política distinta conmigo. Si yo hubiera sentido la lealtad de quien dice: «No estoy de acuerdo contigo en un montón de cosas, pero mientras tú seas el secretario general, voy a defenderte con uñas y dientes». Pero hizo lo contrario y aquello desembocó en el horror de Vistalegre 2 y en la posterior escisión.

En aquel momento hubiera apostado por Íñigo porque, si yo me iba, era la mejor opción que teníamos. Y esto no es una revisión ventajista de un pasado que no se puede cambiar. Es algo que hice luego, con Yolanda. Apostando por ella creo que en Podemos demostramos nuestra capacidad de apostar por quien mejor puede hacerlo sin que eso haya implicado que su liderazgo, sus formas y su estilo propio se fueran a parecer lo más mínimo a lo que yo he hecho.

Para muchos, Yolanda se parece mucho más a Carmena que a mí, con un discurso crítico respecto a los partidos, con una gran inteligencia para no pisar demasiados charcos y con un encanto y una cercanía de las que yo carezco. Y, sin embargo, no dudamos en apostar por ella como mejor liderazgo para el espacio.

El problema con Carmena no eran tanto sus ideas ni su estilo, como su falta de lealtad. Creo que acertamos al proponerla como candidata a alcaldesa. Nadie hubiera conseguido un resultado así. Creo que si Manuela hubiera sido leal con Podemos como Podemos lo fue con ella hoy seguiríamos gobernando en Madrid a pesar de que hubiera diferencias políticas. Pero esto es política ficción.

Si en 2016 hubieran ocurrido las cosas de otra manera, yo hubiera podido ser mucho más feliz. Podríamos haber planteado que yo ya me había presentado a dos elecciones generales y que llevaba acumulado un nivel de desgaste notable porque me habían dado muy duro. No hubiera sido difícil: «Ya está, me vuelvo a la universidad y a hacer las cosas que me gustan. Aquí queda un grupo de compañeros que lo pueden hacer mejor que yo».

Pero cuando te plantean un desafío como el que se me planteó, la pelea hay que darla. Aunque no te apetezca. Todavía recuerdo pensar durante Vistalegre 2: «joder, si pierdo... pues a nadie le gusta perder, pero me va a durar el disgusto uno o dos días». No lo hubiera llevado mal. «Mi lista ha perdido, he perdido un congreso, me voy y a ser feliz».

Pero ganamos. Y entonces tenía que seguir. Porque si ganas un congreso no puedes no seguir.

Aquello fue en febrero de 2017 y hasta mi adiós definitivo tres años después, siempre pensaba que en algún momento iban a acabar conmigo, que me iban a terminar matando políticamente, que no podía durar.

Y llegó el verano de 2019, en el que me retiré para facilitar las negociaciones y propusimos que Irene tomara el relevo. Durante unas horas fue como si se hubiera abierto la puerta de la cárcel. Vi la luz. Al fondo. Pequeñita. Ahí estaba más preocupado que en 2016 porque iba a tener una vicepresidenta en casa que iba a sufrir, que lo iba a pasar mal, a la que iba a tener que cuidar como pareja, y ayudarla. Pero yo iba a estar fuera de la política y, en realidad, sería como ahora que vivo con una ministra.

Pero el resquicio se volvió a cerrar. Y con resignación pensé: «bueno, pues otra vez a elecciones. Ahí sí tenía claro que llegaba el fin». «De esta me matarán, no se puede ganar siempre». La lógica indicaba que todos los medios iban a apoyar a Más País para que nos arrasaran. Pero el 10N resistimos y Más País estuvo lejos de las expectativas. Cuentan que en una cena en casa de Nacho Escolar, Michavila enseñó a Errejón unas encuestas muy favorables que le terminaron de convencer de ir a las generales. El plan era obvio, con UP por debajo de los 20 diputados y MP por encima de los 10, el PSOE gobernaría en solitario. Pero resistimos y ganamos nuestra entrada en el Gobierno.

Todo se precipitó. El lunes después de las elecciones Iván Redondo llamó a Pablo Gentili, que estaba en Argentina y él me llamó a mí. Me presenté en la Moncloa y sacamos el Gobierno de coalición. La sensación que me entró fue la de una gran responsabilidad: ¡Hay que hacerlo! Porque había que hacerlo. Pero, a la vez, se hizo fuerte en mi cabeza el pensamiento de «me cago en mi vida, ¿esto va a acabar alguna vez?».

Y por fin se acabó. No puedes levantar todos los *match point* todo el tiempo. Bastantes levantamos. Y tuve la suerte de acabar muy bien porque no se lo esperaban.

Era consciente desde el verano de 2020 de que no podía volver a presentarme, de que no iba a ser el próximo candidato. Era una obviedad y ya había empezado a trabajar con Yolanda. Lo que pasa es que no estaba claro cuándo ni cómo lo teníamos que hacer. El adelanto electoral en Madrid, y que Alberto no quisiera presentarse como candidato el 4M, puso las cosas claras encima de la mesa.

Siempre me quedó la duda sobre lo que podría haber ocurrido si lo de Madrid hubiera salido bien, lo que podría haberme llevado al Gobierno de la Comunidad de Madrid. Y trabajé con todo mi empeño para que eso ocurriera, para que saliera bien, porque también pensaba, quizá era más un deseo, que no me iban a aceptar, que Mónica y Gabilondo saldrían a decir que una personalidad como la de Iglesias podía ser disruptiva. Tenía claro que si me vetaban iba a aceptarlo y ya elegiríamos a otra persona de Podemos para ocupar mi lugar. Pero el temor estaba ahí. Siempre estuvo ahí el miedo a que no me vetaran y que hoy estuviera de vicepresidente segundo en la Comunidad de Madrid.

Hice lo que políticamente había que hacer. Siempre he peleado para ganar, siempre. Pero, alguna vez, con el íntimo deseo de perder. Y creo que fue una manera de perder muy digna. Ni el mejor guionista hubiera sido tan generoso conmigo.

¡A la guerra (cultural)!

La cruz de esa moneda del 4M es la consagración del personaje de Ayuso. No sé cómo se desarrollará la guerra abierta con Pablo Casado, no tengo ni idea de quién ganará. Pero la pregunta no es esa, la pregunta es: ¿lo que representa Isabel Díaz Ayuso puede ser más competitivo que lo que representa Casado, puede obtener resultados electorales más favorables para el PP y, en general, para que la derecha y la ultraderecha sumen para gobernar?

Los datos objetivos, los datos que se pueden medir, dicen que sí. Lo apuntaba a finales de 2021 Iván Redondo en uno de sus artículos en *La Vanguardia*, no sin cierta maldad. Hoy por hoy, Isabel Díaz Ayuso sería mejor candidata que Casado y pondría más cerca de gobernar a la derecha y a la ultraderecha.

También se puede dar la vuelta un poco a lo que dijo Redondo en ese artículo, donde dejó escrito que no le interesa «lo que no se puede medir». Un asesor político al que solamente le interese lo que se puede medir no sirve para nada. Cualquiera puede ver lo que se puede medir, no tiene ningún mérito. Donde marca la diferencia el estratega político es en ser capaz de ver lo que no se puede medir, lo que no dicen los datos.

Lo explicaba muy bien Marc Gasol a propósito de las estadísticas en baloncesto. Cualquiera puede tener acceso a los números: cuántas asistencias; el porcentaje de efectividad en tiros de tres, de dos y en tiros libres; cuántos robos de balón o cuántos tapones hace un jugador. Todo el mundo puede ver eso. Pero hay cosas que las estadísticas no dicen y que son determinantes en el baloncesto. ¿Quiénes son los grandes entrenadores? Los que son capaces de ver lo que no dice el papel, lo que no puede ver todo el mundo.

Redondo no es idiota y es capaz de ver esas cosas que no todo el mundo puede ver. Por eso creo que los que se quedaron en la literalidad de lo que estaba diciendo en el artículo no entendieron nada. Mi impresión, mi intuición, es que la correlación de fuerzas mediáticas nos lleva claramente en la dirección de una guerra cultural. Sin cuartel. Y no solo en España: es un fenómeno mundial.

Una muestra reciente: las presentaciones de los libros de Pedro Vallín y de Cayetana Álvarez de Toledo, que coincidieron en día y hora en el Círculo de Bellas Artes. En la presentación del *C3PO* de Vallín había sesenta personas y en el de Cayetana había setecientas puestas en pie cada vez que sugería algo de mi o de mi padre.

Aunque nos parecen horribles, aunque en ocasiones nos parecen ridículos y en otras nos dan miedo, creo que han entendido las claves emocionales del funcionamiento en la política. Y su superioridad en la correlación mediática es abrumadora.

Mucho ojo. No sé si esto se traducirá en que, antes o después, Ayuso le dispute a Casado el liderazgo. Eso es una cuestión de partido en la que operan lógicas internas y estrategias personales. No es lo importante. Lo importante es la velocidad a la que avanzan los acontecimientos. Hace algunos meses cualquiera hubiera dicho que el mejor candidato imaginable del PP es Alberto Núñez Feijóo, que ha eliminado a Vox en Galicia. Ahora no se dice eso. Ahora a Casado lo están humillando. Mira que hemos tenido luchas internas en Podemos, pero ni me imagino los ríos de tinta que se hubieran vertido si a nosotros nos hubieran grabado un vídeo como la cobra que hizo Ayuso a su jefe de filas en el *photocall* de la presentación del libro de Rajoy. O lo de la manifestación de los policías, en la que Casado se presentó a última hora para no coincidir con Ayuso y que aquello se convirtiera en una competición de aplausos, como ya le ocurrió en la reedición de la foto de Colón. Es muy humillante.

Más allá de la relación personal, de la que no tengo ni idea ni quiero tenerla, se revela que hay dos proyectos con dos estilos. Y queda la duda de hasta qué punto «Madrid es España» o el país no se parece tanto a Madrid como algunos nos quieren hacer pensar. Yo creo que hay una parte de España que claramente no se parece a Madrid, pero al mismo tiempo soy consciente de que los medios de comunicación más importantes tienen su sede en Madrid y proyectan sus marcos desde Madrid. Las teles que más se ven son las teles de Madrid.

Luego, cuando vas a los sitios hay matices. Hay incluso otros medios pero que en general son muy conservadores. Y luego tenemos el caso vasco y el caso catalán, con ecosistemas mediáticos completamente diferentes.

Pensé que nunca podría ocurrir, pero los medios pueden cambiar a la sociedad más de lo que a mí me gustaría y ahora no descarto que la derecha y la ultraderecha de PP y Vox puedan sumar mayoría absoluta en las urnas.

La preparación para esa batalla cultural está en el origen mismo de Podemos. Uno de los hitos fundacionales que hemos mantenido con el paso de los años es que nunca hemos pedido dinero a los bancos.

Hay dos claves para entender por qué nuestra financiación siempre ha sido popular. La primera es una cuestión de época, por lo que representaban los bancos en el imaginario social. Cuando surge Podemos un lema resuena en las calles: «No somos mercancía en manos de políticos y banqueros». Es puro 15M, igual que la limitación de salarios. Responde claramente a un esquema quincemayista, de impugnación. En ese contexto cultural nosotros no podemos pedir nada a los bancos, que tampoco nos habrían dado nada si lo hubiéramos pedido porque no habríamos estado en ninguna de las famosas encuestas del Banco Popular.

Y, después, descubrimos que era mucho mejor porque nos hacía ser enormemente independientes. Nos daba un nivel de autonomía con respecto al poder financiero que no tenía ningún partido político. En estos últimos años me he reunido con unos cuantos banqueros y estoy seguro de que habríamos mantenido conversaciones muy diferentes si los salarios de la gente que trabajaba en mi partido hubiesen dependido en última instancia de que me dijeran: «bueno, vamos a llegar a un acuerdo de reestructuración». Pero yo me reunía con ellos con total tranquilidad.

Y, al mismo tiempo, ha contribuido a generar una cultura política: lo que quieras, lo tienes que pagar. Es un elemento de participación, de militancia. La propia cultura de los microcréditos, que es un patrimonio de Podemos, es maravillosa. El crédito no nos lo da un banco. El crédito nos lo das tú y Podemos siempre los devuelve. En las elecciones del 4M, por ejemplo, la gente nos prestó medio millón de euros en apenas 24 horas. Es verdad que ningún medio de comunicación lo cuenta, eso forma parte de la estructura existente, pero hay gente que lo sabe.

Los microcréditos marcan la diferencia porque hacen que Podemos sea el partido que más garantizada tiene su existencia, independientemente de cómo se adscriba y se articule en plataformas electorales más amplias, precisamente por tener un tipo de militancia y estructura acostumbrada a no depender de los bancos, a autofinanciarse, mientras otras estructuras se han visto poco menos que a las puertas de su desaparición por no poder asumir las deudas.

El giro reaccionario

Esa ola impugnatoria y constituyente que manó del 15M fue lo que impulsó a Podemos en sus primeros meses de vida. En aquel momento coincidimos dos elementos de peso social y electoral que sacudieron el sistema de partidos, el sistema de gobernabilidad y, finalmente, el sistema político. El sistema político todavía no ha cambiado, pero la situación tan precaria en la que está tiene su origen en que han cambiado el sistema de partido y el sistema de gobernabilidad.

Los dos fenómenos que hacen que salten por los aires el sistema de partidos del Régimen del 78, el que surge de la Transición, son Podemos y el independentismo catalán, que también interactúan entre ellos, se condicionan, e influyen el uno en el otro.

Podemos inicialmente tiene una posición sobre la plurinacionalidad que nos hace conseguir algo que nadie jamás con ese discurso había conseguido, y mucho menos desde la izquierda: ganar las dos elecciones generales de 2015 y 2016 en Cataluña y en Euskadi. Aquello fue impresionante. Al mismo tiempo fuimos la primera fuerza política de la izquierda en Madrid. Tremendo.

De forma simultánea, aunque no con la misma intensidad en todos los momentos, se produjo una reacción ideológica ultraconservadora con diferentes traducciones políticas. Fue una reacción fundamentalmente mediática que incendió todo. Incendió a los jueces e incendió las formaciones políticas. Una traducción electoral muy evidente de ese reaccionarismo es Ciudadanos, que se presentaba a la vez como una opción anti independentista y como una opción antiPodemos, y que podía ser la fuerza política bisagra que permitiera al PSOE gobernar sin nosotros, e incluso que el PP pudiera seguir en el poder. Pero es la misma lógica de la reacción la que catapulta a Vox. Contra el independentismo, por su ultranacionalismo reaccionario españolista. Pero en él aparece también un anticomunismo sin comunistas, porque en realidad es una fórmula antiPodemos. Y esto fue lo que terminó achicando el espacio político para Ciudadanos.

Ciudadanos tuvo posicionamientos de ultraderecha, pero es muy difícil que Ciudadanos compita a la hora de ser ultraderecha con una fuerza política como Vox. El PP resiste un poco mejor, pero también por la pirámide poblacional. Es el mismo motivo por el que ha resistido tanto el PSOE.

Con una pirámide poblacional invertida es lógico que los partidos tradicionales, aunque estén peor que nunca, mantengan una resistencia electoral fuerte. Pero al final esta combinación reaccionaria cambia los estados de ánimo y el humor social a través de un mecanismo que nosotros hemos señalado muchas veces, porque lo veía en los estudios cualitativos que me presentaban: los medios.

Lo explicaba de nuevo en un artículo Manu Levín[2], al que cito mucho porque ha sido una de las grandes cabezas en Podemos en los últimos años aunque él no se autopromociona para que escriban de él los periodistas. En ese artículo, Manu analizaba las conversaciones que tenían unos obreros que estaban trabajando enfrente de su casa. Y percibió lo mismo que nosotros veíamos en los grupos de discusión. Lo que escuchas decir a la gente es lo que están repitiendo la radio y la tele permanentemente. Y son los medios los que llevan a cabo un giro reaccionario que tiene entre sus efectos que muchos periodistas se planteen su profesión como problema.

En los últimos años se han visto cosas que a muchos nos han sorprendido. Yo sabía que en el periodismo había suciedad, pero se han atravesado límites como no se había hecho hasta ahora. Se generó un clima político y social completamente distinto que cada vez nos fue achicando más el espacio y que nos obligó a jugar al baloncesto yugoslavo. Nosotros somos mucho más débiles que todo lo que tenemos enfrente, porque no solamente tenemos en contra a otros partidos. Los tenemos, sí, pero tenemos también a los bancos y a los medios de derechas. Tenemos a los medios supuestamente progresistas —como La Sexta— también enfrente. Tenemos a las cloacas policiales y tenemos a algunos jueces motivados. Si uno tiene todo eso enfrente, la única manera de ganar es salir a la desesperada y romper el partido metiendo varios triples. Pero eso no puede funcionar siempre.

Los éxitos iniciales de Podemos en Cataluña, Euskadi, el arco Mediterráneo y Madrid se produjeron en un contexto en el que el choque del independentismo con el Estado todavía no era tan evidente. A medida que ese choque se fue acercando, los espacios se estrecharon. Es evidente que el 1-O como símbolo de la estrategia de choque motiva a determinados sectores del Estado. El discurso de Felipe VI el día 3 de octubre hace que, en muchos jueces, surja la voluntad de hacer política. Las palabras del jefe del Estado contribuyen a inflamar un discurso de reacción nacionalista española. Aquel alegato redefine todo el cuadro.

Pero la clave es que el independentismo no va a desaparecer. Puede cambiar de estrategia, puede asumir responsabilidades en la dirección de Estado y otro tipo de alianzas. Pero no va a diluirse. La imprevisibilidad de los acontecimientos es una característica de la política. Si ya es difícil explicar el pasado, no digamos prever el futuro.

Del bloque histórico de cambio a la dirección de Estado

Sobre la importancia de la dirección de Estado ya hablé en 2016, después de la repetición electoral del 26 de junio, en la que nos quedamos a 374-975 votos del PSOE. Dije entonces que una de las cosas de las que me podría sentir más orgulloso en el futuro era de haber ayudado a armar un «bloque histórico» de cambio en España. No sé si esto lo entenderá mucha gente, pero es de las cosas que más explico y que más escribo. Y creo que algunos sí lo han entendido.

Las nuestras son sociedades muy plurales y muy complejas, con un sistema político parlamentario. Un sistema presidencialista es el sueño constituyente porque, si pasas a la segunda vuelta y ganas las elecciones, convocas una asamblea constituyente y empieza todo desde cero.

Esto es muy importante para entender lo demás. Mientras hacíamos este libro asistimos a la victoria de Boric en Chile, en el contexto además de un proceso constituyente.

En España los actores políticos son muchos y son la clave para entender el éxito político del Régimen del 78 era una concreta correlación de fuerzas y una suerte de acuerdos entre los que mandaban en esa correlación.

Esto a nivel económico y a nivel mediático es evidente, pero a nivel político también se produjo. Venimos de un sistema de dos grandes partidos que, a pesar de sus orígenes, se estandarizan en claves europeas muy rápido, durante los primeros años de la democracia. El Partido Socialista Obrero Español es un partido raro, muy radical y muy débil durante la dictadura, estatutariamente marxista y con diferentes desarrollos posibles, donde no estaba claro qué iba a ocurrir. De hecho, se produjeron muchas escisiones en su interior. El PSP de Tierno Galván llegó hasta donde llegó, y acabó integrado en el PSOE, pero quién sabe lo que hubiera podido ocurrir si hubiera cuajado. En el caso de Cataluña, el PSC tiene una historia muy diferente.

El PSOE asume al final una dirección muy concreta y se estandariza como la referencia del SPD alemán. El PP, que procede de la dictadura a través de Alianza Popular, absorbe a toda velocidad lo que sería el espacio del centro que representaba la UCD y se constituye como una réplica del Partido Popular Europeo, aunque seguían teniendo dentro todo, incluido el Franquismo. Esta estrategia llega hasta el extremo de que Aznar reivindicó a Azaña y criticó el Pacto de Münich y la estrategia del apaciguamiento contra la Alemania Nazi como como excusa para bombardear Irak.

A estos dos partidos se les unen los partidos alfa del subsistema político catalán y del vasco: Convergència i Unió y PNV.

Estas cuatro organizaciones, que son los grandes partidos de la reciente historia política en España, comparten la asunción de la Monarquía como forma de Estado. Con más o menos entusiasmo, pero la comparten, y el que más, curiosamente, no es el PP, sino el PSOE. Comparten también la manera en la que España se tiene que incorporar a Europa: comparten Mäastrich y la moneda única. La parte que les podía poner a discutir más, que es la territorial, está pactada en el marco del Estado autonómico con la cesión de competencias desde el Gobierno central.

La relación entre los cuatro no opera solo por la izquierda, al contrario de lo que ocurre ahora, sino que lo hace también por la derecha. El PP tendrá magníficas relaciones con CiU y con el PNV. Con el partido de Jordi Pujol llegará a acuerdos para evitar comisiones de investigación parlamentarias por la financiación irregular de los convergentes y para votar mutuamente a favor de los respectivos presupuestos en un territorio y en otro, además de la investidura de Aznar.

Esa era la dirección de Estado salida de la Transición. Los partidos de la dirección de Estado en España en el sistema político del 78 son esos cuatro. Izquierda Unida y el PCE, que tienen resultados notables en algunas alcaldías, como Córdoba o Sabadell en su momento, se quedó en una fuerza política que podían entrar en esos consensos de Estado si querían, pero no eran necesarios porque los otros cuatro sumaban amplísimas mayorías. Julio Anguita se planteó entonces, de forma muy inteligente, qué pintaban ellos en esos consensos, qué sentido tenía ser eurocomunista en ese contexto. Esa fue una de las claves del éxito de Anguita, que también supo aprovechar una estructura de oportunidad mediática. Pese a tipos tan siniestros como Pedro J., cuando yo militaba en las Juventudes Comunistas leíamos *El Mundo* porque le dejaban más aire a Izquierda Unida que *El País*. No es que *El Mundo* fuera un gran periódico muy distinto al de ahora, pero la estructura de oportunidad era distinta a la actual. En este sentido, a nosotros no se nos ha abierto ninguna puerta, ni de la izquierda ni de la derecha. Todos contra nosotros tras las europeas en cuanto vieron lo que representábamos.

Esa correlación, ese acuerdo de esos cuatro partidos hoy está roto. Ha saltado por los aires. Esa dirección de Estado ya no es posible porque Convergència se ha hecho independentista. Porque, además, ya no hay un partido de derechas, sino uno de derechas y uno de ultraderecha; y el de ultraderecha vampiriza ideológicamente al de derechas, que para competir tiene que asumir sus postulados de guerra cultural total en lo territorial y en lo económico. La deriva del PP es lo que evita que haya posibilidad de dirección de Estado del PSOE con el PP, que es lo que gustaría a los grandes poderes económicos.

Hoy estamos en un contexto en el que hay dos posibilidades diferentes de dirección de Estado. Las dos, mucho más frágiles numéricamente que la que se constituyó durante tres décadas. La dirección del Sistema del 78 es la de los dos principales partidos a nivel estatal y los dos partidos más votados en Euskadi y Cataluña. Eso es mucho. Ahora las opciones son más débiles. Por un lado, PP y Vox, que cuentan con enormes apoyos de la ultraderecha realmente existente dentro del Estado en sectores de la judicatura, de la policía y en sectores del poder económico. Por el otro, un PSOE, que no quiere, con Unidas Podemos y fuerzas políticas independentistas que pueden redefinir su relación con el Estado.

Que empiecen a entender esto es muy importante para mí porque ha sido mi discusión con ellos durante mucho tiempo. Ahí está el artículo de Arnaldo Otegi que citaba antes y al que respondí unas semanas después en *Gara*[3]:

La clave no es solo que fuerzas políticas como UP, ERC y EH Bildu se entiendan —ese entendimiento ya es una realidad en muchos aspectos que tienen que ver con la justicia social y las libertades civiles— sino que sean capaces de asumir, desde sus diferencias, unas líneas estratégicas comunes para invitar al resto de fuerzas del bloque a emprender un camino de reforma democrática del Estado. Correspondería hoy, por peso, al PSOE el liderazgo de ese proceso pero, con todo su derecho, el PSOE no quiere entrar ahí y desearía una correlación diferente y unos socios diferentes.

Lo que pasa es que hacer política es también mover hacia una dirección favorable las contradicciones del adversario e incluso convertirlo en aliado si se queda sin otras alternativas. Así llegamos nosotros al Gobierno y sospecho que la necesaria democratización del Estado solo podrá llegar de la misma forma, asumiendo que, finalmente, su resultado no será la imposición de los objetivos legítimos de un solo actor, sino la resultante del peso de cada uno. Así funciona la política. Y menos mal, porque cuando funciona nadie tiene que matar ni morir por sus ideas o sus intereses. Eso es lo que quieren suprimir los ultras que trabajan para completar su asalto al Estado.

En el caso de los catalanes el nivel de desconfianza es mayor. Nosotros nos hemos entendido mejor con los vascos que con los catalanes, pero creo que también lo han ido entendiendo y que la relación con los *comuns*, y hasta su propia naturaleza política, facilita que lo vayan entendiendo. Lo que pasa es que están en una competición con Puigdemont que, hoy por hoy, lo hace complicado. Por último, incluso el BNG ha optado en su reciente congreso, en el que han elegido líder a Ana Pontón, por unas vías más confederales[6].

Esta opción es frágil porque los *indepes* no dejan de ser *indepes*. Y es frágil también porque el PSOE no quiere y se empeñan en imaginar una realidad diferente.

No sé si todos los sectores de nuestro espacio político lo ven igual que yo, pero de momento se ha revelado como la única vía posible y ha servido para consolidar la legislatura con los acuerdos para sacar los Presupuestos Generales del Estado. Ahora mismo no hay otra opción. Es eso o entregarle el país a la derecha y a la ultraderecha, y que mucho nos tengamos que ir a vivir fuera de España porque el proceso de involución a la húngara o a la polaca que vamos a tener no nos va a dejar aire para respirar.

¿Cuál es el problema? ¿Qué creo que va a intentar el PSOE? Lo he dicho varias veces y no lo voy a decir más por si a alguien le sienta mal, pero hay que estar preparados para que las elecciones sean en cualquier momento. Porque el PSOE y Pedro Sánchez van a convocar elecciones cuando le convenga al presidente. Y decir esto no significa que yo desee que sean antes ni tampoco que, efectivamente, vayan a ser antes. Implica lo que digo, que hay que estar preparado para todos los escenarios.

Les conozco un poco y creo que el PSOE va a buscar tener un resultado digno con una correlación parlamentaria parecida a la actual para después intentar gobernar en solitario. Van a poder vender bien en los medios que la coalición de gobierno ha sido un desastre, que se ha traducido en un Gobierno que no funciona, con ruido, con luchas internas, con falta de coherencia, y que es preferible un Gobierno en minoría del PSOE que llegue a acuerdos por la izquierda en algunas cosas y a grandes acuerdos de Estado con la derecha. La contrapartida para el PP sería, llegado el caso, tener asegurada cierta estabilidad para que no tengan que gobernar con Vox.

Yo creo que es del todo inviable, que una dirección de Estado hoy en día en España que tenga como ejes al PSOE y al PP no es más que nostalgia del bipartidismo. Sería terrible, saltaría por los aires el Estado, pero creo que eso es lo que van a intentar porque les conozco.

Y no lo digo porque sean malos o porque sean unos traidores, sino porque en realidad es en lo que creen. Es lo que son. Por eso les cuesta enormemente aceptar que tienen que pactar. Primero con Unidas Podemos, con lo que eso representa; después, con catalanes y vascos, pero no con los mismos que hace treinta años; y después con todo lo que se está abriendo a nivel territorial porque uno de los fenómenos de las próximas elecciones generales van a ser los partidos provinciales.

La España Vaciada va a tener, creo, un buen resultado, dentro de sus limitadas posibilidades. Y el voto de la España Vaciada no tiene por qué ser un voto reaccionario. Es un voto que, básicamente, lo que quiere son infraestructuras e inversiones en sus territorios. Es un voto que quiere tren, que quiere centros de salud, y que cree que la única manera de conseguirlo es tener un puñado de diputados que sean determinantes para votar los Presupuestos y negociar.

Pero no es un voto reaccionario, y aquí el PSOE se equivoca. No es un voto que quiera toros y tradiciones.

Quieren lo que tiene todo el mundo las ciudades: médicos y escuelas. En definitiva, inversión. Lo que pasa es que su éxito puede generar problemas de gobernabilidad enormes.

El paso por el Gobierno

De mi paso por el Gobierno haría hincapié en algunas medidas concretas: el ingreso mínimo vital, la ley de vivienda o recuperar la financiación en Dependencia, que es una cosa que ha pasado bastante inadvertida. El PP congeló en 2012 la financiación de la Dependencia y hasta los presupuestos de 2021 no se ha recuperado de forma completa. Desde nuestros primeros Presupuestos, en 2020, la dotación para Dependencia ha aumentado en 1 800 millones, 600 el primero año y 1 200 el segundo. Y está previsto que la progresión siga así en los próximos ejercicios.

Por supuesto, están los éxitos del Ministerio de Trabajo y los de Igualdad, con la ley del «solo sí es sí», la ley trans o el nuevo Pacto de Estado contra la Violencia de Género. Y también los de consumo o universidades

Son logros notables, pero tengo la impresión de que lo que seguramente más se recuerde en el futuro sean los avances del Ministerio de Igualdad porque esos van a ser irreversibles. Es como el matrimonio igualitario de Zapatero: nadie se va a atrever a prohibir que los gays se casen otra vez.

Creo que serán esos los avances de los que se hablará dentro de quince, veinte o veinticinco años como éxitos de la sociedad española, e Irene Montero será recordada por ello. El resto son de una enorme importancia, incluso mayor a nivel coyuntural, el problema es que sí son reversibles. El día que deje de estar Unidas Podemos en el Gobierno llegarán otros que les podrán dar la vuelta. Ojalá que no, pero podrán revertir la financiación de la Dependencia, los acuerdos sociales, el SMI, la regulación de los alquileres o el escudo social. Ojalá que no. Ojalá que esos sean derechos conquistados que representen la base de futuros avances, un suelo que no se pueda romper. Pero no soy tan optimista respecto a que no pueda ocurrir.

Quizá con el SMI no se atrevan porque eso es tocarle el bolsillo a muchos ciudadanos. Pero si nuestra gente deja de estar en el Ministerio de Trabajo, el histórico incremento de las inspecciones laborales en el campo se va a terminar. Y si nosotros no gobernamos en ayuntamientos y comunidades autónomas, va a ser muy difícil que se regulen los alquileres.

Hay avances que hemos conseguido que ojalá fueran un punto de partida y fueran irreversibles. Pero por desgracia van a formar parte del programa que van a querer revertir el PP y Vox. Lo primero que harán será una contrarreforma laboral y estos no van a tener luchas internas para hacerlo, ni la van a retrasar. Y les va a dar exactamente igual que los sindicatos digan misa y que salgan, como en 2012, a hacer huelgas generales, si tienen fuerzas para hacerlo. Si algo ha demostrado el neoliberalismo es que los avances en lo material pueden ser reversibles, y la clase trabajadora ha ido perdiendo derechos en las últimas décadas a pasos agigantados.

Pero a pesar del antifeminismo de la ultraderecha, los avances que se han conseguido en el plano cultural creo que no se van a atrever a tocarlos. No creo que puedan volver a una legislación con respecto al consentimiento diferente a la ley del «solo sí es sí», ni me imagino volver atrás en los derechos de las personas trans. En Madrid, incluso Ayuso ha reculado y no parece que vaya a apoyar los intentos de Vox de acabar con la normativa trans y LGTBI. Monasterio se ha enfadado y le ha llamado «cobarde».

En todos esos éxitos del Gobierno que se pueden atribuir a Unidas Podemos no debe estar mi nombre: son de Yolanda Díaz, de Irene Montero, de Alberto Garzón o de Manuel Castells. Y creo que en mi equipo hay dos nombres propios: Ione Belarra, que ahora está como ministra, y Nacho Álvarez, que tiene una importancia equivalente a la de cualquier ministro.

Lo mío fue haber conseguido que hubiera un Gobierno de coalición, que sí pienso que para lograrlo era condición de posibilidad que yo estuviera. Eso es lo que vio Irene Montero, que de esto se ha escrito poco, cuando en el verano de 2019 tuvo en la mano ser vicepresidenta del Gobierno y líder del espacio. Es verdad que con unas competencias ridículas y sin el Ministerio

Trabajo, pero con 30 años hubiera sido la vicepresidenta más joven de la historia y la líder del espacio. La decisión era suya. Y dijo que no porque no le valía ser vicepresidenta con la cartera de Igualdad si no había nada más relevante, si no lográbamos un ministerio con competencias.

No hay muchos ejemplos de alguien que renuncie así como así a una vicepresidencia.

Cuando a uno le construyen el personaje es por algo. Y una de las razones por las que nos han atacado tanto es porque éramos mucho más difíciles de seducir que otros. La gente de izquierdas es enamoradiza y le gusta dejarse enamorar. Por eso siempre digo que hay que mirar a quién ataca más, porque eso siempre es por algo. No atacan a alguien porque sea más gruñón o porque tenga peor carácter: atacan más a los que no transan en lo que no hay que transar. Y esto ahora sí lo puedo decir.

Éramos muy poquitos los que estábamos en la tesis del Gobierno de coalición. El núcleo que la defendíamos éramos los de la mala prensa: Iglesias y su camarilla. Y ganar aquel pulso fue importante porque fue la condición de posibilidad de todo lo que ocurrió después.

También me puedo apuntar el haber tenido claro la cuestión de las alianzas. La única conversación tensa que yo he tenido con Pedro Sánchez en el Gobierno se produjo cuando Isa Serra fue clarísima en aquella rueda de prensa de agosto de 2020 en la que dijo que nosotros no íbamos a votar los Presupuestos con Ciudadanos.

Ahí sí hubo tensión. Pedro Sánchez habló de crisis de gobierno. Empecé a trabajar con Bildu y ERC, y logramos imponer la idea del nuevo bloque histórico. Ya no depende de que guste o deje de gustar. De eso sí me siento particularmente orgulloso.

Y hasta ahí llegué. Esos son los dos hechos que marcan la diferencia, los que quizás habría sido más difícil conseguir si yo no hubiera estado. Me doy por satisfecho.

¿Y Podemos? Si en el arranque de este capítulo hablaba del momento fundacional del partido, ¿hacia dónde creo que irá? Aquí, como en el caso de Yolanda Díaz, creo que tampoco es inteligente que yo haga una exposición pormenorizada al respecto.

Tengo mi opinión —creo que más o menos se puede intuir— sobre cuál es el papel de los partidos y, en particular, de una fuerza política como Podemos. Es una opinión que viene de atrás, que siempre ha querido reconocer lo que aportan las organizaciones políticas. Nunca he pensado que se debieran disolver el PCE, Izquierda Unida o la cultura política que representan, se llame como se llame. Creo que es importante que eso exista.

Y con respecto a Podemos: se ha construido una cultura militante enormemente valiosa, que creo que debe ser útil a cualquier cosa que se arme en el futuro, en lo electoral o en lo social.

Notas

El acoso

1. Zuloaga, J.M. (03.03.2020). Interior abonará el tercer tramo de subida salarial de las FSE con efectos 1 de enero. *La Razón*

2. Águeda, P. (22.06.2019). Arrasa en la Policía el nuevo sindicato que exige 2.500 euros para los novatos. *elDiario.es*

3. Castro, I. & Precedo, J. (25.09.2017). Policías nacionales se citaron a través de WhatsApp para protestar en Zaragoza contra Unidos Podemos. *elDiario.es*

4. Velasco, P. (24.11.2021). Una descarga ultra recorre la Policía. *infoLibre*

5. Fernández Molina, M. (17.08.2020). La dueña del restaurante boicoteado por dar de comer a Iglesias y Montero: «Ni siquiera llegaron a entrar». *Huffington Post*

6. Roca, J.L. & Vázquez, Á. (15.09.2021). La Audiencia Nacional da la razón al Gobierno y avala el cese de Pérez de los Cobos. *El Periódico*

7. Villascusa, Á. (29.08.2019). Méndez Pozo y Ulibarri, los empresarios de medios que más dinero reciben de la Junta de Castilla y León. *elDiario.es*

8. *Nota de A. R.:*

El 16 de febrero de 2022, cuando este libro ya estaba en edición, se hizo pública la absolución en primera instancia de Alejandro Entrambasaguas. En la sentencia, contraria al criterio de la Fiscalía, el juez David Mamán Benchimol asume la defensa de Entrambasaguas basada en que estaba realizando una supuesta investigación sobre guarderías ilegales y sostiene que los niños eran muy pequeños, por lo que «eran ajenos a lo que ocurría a su alrededor y, concretamente, a las llamadas a la puerta o por teléfono que pudiera hacer el acusado».

Tal y como publicaron varios medios, Mamán Benchimol es conocido por haber archivado dos procedimientos contra José María Aznar —uno de ellos por gastar dinero público para hacer lobby y lograr que el Congreso de EE. UU. le condecorara— y por haber absuelto al médico juzgado por la muerte de la mujer migrante Samba Martiné, que se encontraba bajo custodia del Estado cuando falleció después de haber solicitado hasta once veces una asistencia médica que no dio con el diagnóstico adecuado.

Pablo Iglesias e Irene Montero han anunciado un recurso contra dicha absolución.

9. Elorduy, P. (08.04.2021). Fiscalía pide un año para el periodista de *OKDiario* que acosó a los hijos de Irene Montero y Pablo Iglesias. *El Salto*

10. (09.04.2019). La cámara de Interior que vigilaba el chalet de Iglesias y Montero fue pirateada. *La Vanguardia*

La cacería

1. Águeda, P. & Riveiro, A. (14.03.2016). Este es el informe del Ministerio del Interior sobre la supuesta financiación irregular de Podemos. *elDiario.es*

2. Prieto, C. (01.03.2021). «Florentino Pérez se puso agresivo». Historia oculta del pelotazo de las torres galácticas. *El confidencial*

3. Riveiro, A. (29.11.2021). Álvarez de Toledo señala a Ayuso como la «alternativa» de Pedro Sánchez. *elDiario.es*

4. (16.03.2021). Robles concede un puesto en Washington al general Villarroya, el Jemad que dimitió por vacunarse. *ABC*

5. Sáenz de Ugarte, I. (30.10.2021). Pasarela mediática en Francia para la última estrella de la extrema derecha. *elDiario.es*

6. Riveiro, A. (08.05.2018). Podemos da por amortizado el «efecto Pedro Sánchez» tras el peor CIS del PSOE desde 2016. *elDiario.es*

Dina

1. Águeda, P. (30.11.2014). Una unidad secreta de la Policía rastrea información comprometedora de políticos independentistas. *elDiario.es*

2. Águeda, P. (17.10.2020). Anticorrupción asegura que la «principal hipótesis» en el caso Dina es que la «organización criminal de Villarejo» entregara la tarjeta a los medios. *elDiario.es*

3. Águeda, P. (26.01.2022). La Policía informa a García-Castellón de que no puede acceder a la tarjeta de Dina Bousselham como insistía el juez. *elDiario.es*

4. Escolar, I. (01.06.2017). El extraño caso del juez que quería cobrar menos y trabajar más. *elDiario.es*

5. Rincón, R. (27.01.2021). El Supremo no ve delito de Iglesias en el caso Dina y lo devuelve a la Audiencia. *El País*

6. Gutiérrez, A. (26.06.2020). La Policía cree que Villarejo buscó ilegalmente datos reservados de la asesora de Pablo Iglesias. *infoLibre*

7. Águeda, P. (27.01.2022). García-Castellón deja de investigar las filtraciones contra Podemos al no poder imputar a Iglesias en el caso Dina. *elDiario.es*

8. Vázquez, A. (21.10.2021). La Audiencia Nacional ignora a García-Castellón y rechaza aplazar la entrega a EE. UU. del «Pollo» Carvajal. *El Periódico*

9. (22.10.2021). La Audiencia Nacional ordena al juez del caso Dina que tome declaración a la asesora, su pareja y a Eugenio Pino. *EuropaPress*

10. (03.03.2021). La fiscal general se cita con la cúpula de *Okdiario* mientras Villarejo sale de prisión. *Ctxt.es*

La decisión

1. Riveiro, A. & Armunia, C. (23.04.2021). Monasterio se niega a condenar las amenazas a Iglesias en el debate de la SER y este abandona el estudio. *elDiario.es*

2. (19.06.2020). En libertad el exmilitar detenido en Málaga como autor de los disparos contra fotografías de Sánchez e Iglesias. *elEconomista.es / EFE*

3. Almoguera, P. (16.11.2020). Ingresa en prisión por una condena de violencia de género el detenido por disparar a fotos de Pedro Sánchez y Pablo Iglesias. *El Mundo*

1. Castro, I. & Pinheiro, M. (26.05.2020). La Guardia Civil manipuló la declaración de un testigo para inculpar al Gobierno por la manifestación del 8M. el-*Diario.es*

2. Escolar, I. (04.06.2020). Todas las mentiras, bulos y manipulaciones de los informes de la Guardia Civil sobre el 8M. *elDiario.es*

3. Caballero, F. (29.06.2021). Alberto Reyero: «Ayuso y yo debemos ir a una comisión de investigación a explicar lo ocurrido en las residencias». *elDiario.es*

4. Peinado, F. (22.06.2020). Los 12 días de la «operación bicho»: el fiasco del plan de la Comunidad de Madrid para salvar las residencias. *El País*

5. Peinado, F. (01.05.2021). Así fue el tapón a las residencias de mayores de Madrid, hospital por hospital: el 73% de muertos no fueron trasladados a un centro médico. *El País*

6. Rico, M. (26.05.2020). El documento que prueba que el Gobierno de Ayuso fijó «criterios de exclusión» para no trasladar a enfermos de residencias a hospitales. *infoLibre*

El legado

1. Otegi, A. (30.11.2021). La paradoja como oportunidad. *Público*

2. Levin, M. (28.10.2021). El poder mediático y los obreros de enfrente. *Ctxt.es*

3. Iglesias, P. (19.12.2021). Otegi y la democratización del Estado. *Naiz.eus*

4. (07.11.2021). El BNG sale de su asamblea decidido a ensanchar su electorado: «No somos independentistas». *elDiario.es*

Este libro se terminó de imprimir el 20 de marzo de 2022,
91 años después de que Victoria Kent fuera la
primera mujer de la historia en actuar en un tribunal
militar como abogada defensora en el juicio contra
los sublevados de la revuelta de Jaca